YVES ROCHER

Claude Ollivier

YVES ROCHER

Une vie à fleur de peau

Editions OUEST-FRANCE

À mes filles Katia et Vanara

PRÉFACE

Alors qu'en ce début de XXIe siècle les valeurs économiques bouleversent les valeurs de la vie, qu'aurait pensé Yves Rocher de l'improbable futur ?

Pas question de répondre à sa place, bien sûr. Mais le personnage incarne, peut-être plus que quiconque, l'ambiguïté, voire le paradoxe auquel nous devons faire face.

Voilà un homme enraciné depuis l'enfance dans les « choses de la vie », qui va peu à peu se métamorphoser en capitaine d'entreprise. C'était un enfant bucolique, initié à la découverte du papillon et à l'odeur du chêne par son père, ce Raboliot de circonstance, le mystique en quête de vérité, le curieux de nature. Dépendant de son chien Dick, ce complice de la justice va, peu à peu, se montrer déterminé, voire intraitable. Pariant sur sa vérité. Prenant le risque de se tromper. Affrontant les humiliations et les doutes. Il n'en faut pas tant pour faire d'Yves Rocher un personnage romanesque. Mais notre homme n'aime pas le paraître. Il préfère l'ombre à la lumière. Et s'il comprend vite les mécanismes de la société, au point d'en exploiter les rouages, son indispensable horizon reste à La Gacilly.

La Gacilly, un village plein de promesses pour un enfant plus conquérant qu'ambitieux. Qui aurait cru qu'il aurait fait de cette localité de 2 000 âmes la plaque tournante d'un groupe incontournable ? Comment imaginer qu'un produit soignant une pathologie se métamorphose en entreprise reconnue mondialement ?

Peut-être avait-il compris, bien avant d'autres, que le vivant qui nous entoure constitue une ressource, un patrimoine, une richesse naturelle dont on ne saurait se passer. Même les économistes ne s'y trompent pas aujourd'hui. C'est ainsi qu'ils ont évalué le prix des services rendus par la nature (pollinisation, forêts, molécules thérapeutiques...) à 40 % du budget mondial. Or, les services en question sont en déclin de 60 % ! À terme, c'est l'homme qui paiera la facture s'il continue de la sorte à sous-estimer les bienfaits naturels.

À l'évidence, Yves Rocher n'a jamais méjugé cette situation. Mieux, il s'en est fait le chantre. Pour autant, il a toujours conservé une certaine retenue au point que sa personnalité manque peut-être d'éclairage.

Les pages qui suivent lèvent, en partie, le voile sur la singularité d'Yves Rocher. Fidèle depuis son adolescence au souvenir du père, attaché viscéralement à son pays, sensible à autrui, porté par des convictions profondes et indéfectibles, il sera durant toute sa vie en quête de dépassement.

Préférant l'être à l'apparence, il a distillé son intimité. Plutôt que les discours, il choisit le sens des mots, dont chacun doit être perçu à sa juste valeur. Tant pis pour les esprits légers ! Convenons cependant que l'exercice relationnel n'est pas des plus aisés.

J'ai eu l'occasion de le vérifier alors qu'il souhaitait me rencontrer en tête à tête. N'attendant rien de précis de cet entretien, je me réjouissais seulement du privilège d'un échange intime. Yves Rocher, retiré des affaires, m'a accueilli avec quelques mots qui révélaient une aimable paternité, puis se tourna vers la fenêtre, observant la nature... Comblant un silence que je jugeai pesant, j'évoquai les espoirs et les révoltes qui illustraient la situation inquiétante de la nature. Il se retourna, écoutant attentivement, acquiesça, puis sembla plongé dans une intense réflexion… En fin d'entretien, il finit par lâcher que rien ne devait entraver notre conviction. C'est en lisant les pages qui suivent que j'ai compris l'explication d'une frustration révélée par l'un de ses proches : « C'était sa technique pour découvrir les gens. Il les laissait se dévoiler. »

En fait, Yves Rocher m'avait fait crédit bien avant cette rencontre.

L'histoire remonte aux années 1970, alors que Jean-Paul Steiger, créateur du Club des Jeunes Amis des Animaux, auquel j'adhère dans l'instant, obtient du patron de La Gacilly l'opportunité de recevoir le congrès de notre mouvement dans son joli village. Nous venons pour la première fois de toute la France et ce mouvement naissant, qui cherche sa reconnaissance, trouve ses racines grâce à un accueil qui crédibilise enfin nos improbables projets.

Yves Rocher a tout mis en œuvre pour que le respect de la vie, porté par des jeunes encore inexpérimentés, trouve un souffle d'avenir. Ce rassemblement en Bretagne, suivi par d'autres, enracinera des vocations qui portent, encore aujourd'hui, le message.

Mais cette étape essentielle de ma vie suffit-elle à m'autoriser cette préface ? Quelle légitimité ai-je pour introduire un parcours aussi riche ? À vrai dire, tant d'autres auraient pu en rendre compte. Je dois donc l'explication. Elle est simple.

La famille Rocher, enfants et petits-enfants, s'est tournée vers moi, tout naturellement. Nous partageons une longue amitié et les valeurs d'une résilience de la planète. Et donc, nous nous battons ensemble pour éveiller les consciences. Et j'ai la faiblesse de croire qu'Yves Rocher, si réservé, aurait joliment souri à l'idée que sa vision de précurseur puisse être aujourd'hui partagée par le plus grand nombre grâce à cet ouvrage de Claude Ollivier.

Allain Bougrain Dubourg

CHAPITRE 1

LA GACILLY EN DEUIL

« Comme l'aurait souhaité Yves Rocher, nous allons chanter, avant de nous séparer, le cantique au bienheureux Jugon. Lui-même le fredonnait souvent. »

Après l'Ave Maria, cette incitation du père Frapsauce, entouré d'une dizaine de prêtres, surprend une partie de l'assistance, à l'exception évidemment des natifs de La Gacilly.

Au premier rang, Christian Estrosi reste impassible. Jugon ? Ah ! ces Bretons, avec leurs saints aux noms bizarres ! Le ministre de l'Industrie n'est pas le seul à s'interroger.

Dehors, dans la foule, Élodie, 18 ans, originaire des Côtes-d'Armor, employée à l'usine de la Croix des Archers depuis deux mois, pose la question à sa voisine, Stéphanie, une ancienne de la « maison ».

« Tu connais, toi ?

— Bien sûr. On raconte qu'il s'agissait d'un pâtre du XVe siècle qui habitait avec sa mère près d'ici. Très pauvre, il ne possédait qu'une seule vache, qui fut un jour tuée par un loup. Le garçon traça alors un cercle autour de l'animal qui, comme par miracle, retrouva la vie.

— Tu y crois à ça ?

— C'est une légende. On dit aussi que Jugon mourut très jeune d'un coup de bêche. Quand on voulut l'enterrer près de l'ancienne chapelle, son bras se dressa et indiqua une direction, comme pour montrer qu'il ne souhaitait pas reposer là. On le mit alors sur un char à bœufs qui s'arrêta un peu plus loin, au moment où la main retomba. C'est ici qu'on le vénère aujourd'hui, dans une magnifique chapelle, construite en 1840, située dans un joli cadre, à quatre kilomètres sur la route de Ploërmel, proche des landes de Couesmé.

— D'accord, mais à part cette histoire de la vache et du bras ?

— Jugon, honoré par Dieu, jouissait de faveurs extraordinaires. Depuis, il paraît que si l'on passe sous la pierre de schiste, près du tombeau, on guérit ses maux de ventre et la mélancolie.

— Ah bon ?

— Yves Rocher ne manquait aucun pardon. Tous les lundis de Pentecôte, il était fidèle au rendez-vous. Dans le temps, on y célébrait aussi, au cours de l'année, trois fois la messe pour bénir les semences. Le Patron aimait venir y méditer. Mais, va donc voir un jour ce petit édifice rectangulaire, typique, tout en pierre, avec son toit à cinq pans. Tu ne regretteras pas. »

Pendant qu'Élodie cherche à mieux comprendre, en essayant de chasser ses doutes, l'assistance reprend en chœur le refrain :

« Bienheureux Jugon, écoute nos chants
De tout le pays, garde les enfants. »

Puis le silence. Un lourd silence. La messe, qui a duré une heure et demie environ, se termine. Le père Frapsauce reprend la parole : « La famille remercie toutes les personnes qui ont participé à la cérémonie et qui ont manifesté leur sympathie par les dons et les messes. »

À l'intérieur de l'église, personne ne bouge. Famille, amis, autorités qui ont accédé à la nef restent figés, debout.

Dehors, une foule impressionnante se tient droite, immobile et accablée. Les gendarmes discutent entre eux, à voix basse, pour l'évaluer. Peut-être 3 000 personnes, voire davantage : « Heureusement, dit l'un d'entre eux, on a réussi à limiter les accès au village. À la radio, les collègues ont confirmé que des voitures ont été bloquées aux entrées. Elles voulaient toutes approcher. »

Le temps est sombre. Mais il ne pleut pas, même si le ciel a envie de pleurer.

Dans les halles, sur la place, à la salle des fêtes, des écrans géants transmettent en direct. À l'exception du centre, le village reste inerte, paralysé par une chape oppressante. Magasins fermés, illuminations éteintes, drapeaux en berne. La Gacilly a revêtu ses habits noirs en ce mercredi matin du 30 décembre 2009. À la veille de la nuit du Nouvel An, la population accablée retient son souffle.

Pourtant, chaque année, à cette période, comme dans toutes les communes de France, la cité se donne des parures de fête. Le traiteur, les restaurants, les magasins de bouche enjolivent leurs vitrines et invitent leur clientèle à préparer le réveillon. Le village de la nature, de l'art et de la beauté scintille de toutes ses lumières tendues à travers les ruelles. Même le fronton éclairé de l'église brille d'un éclat blanc et surprend les habitants par une élégance qu'ils ne soupçonnaient pas... Habituellement, la Brasserie des halles face à l'église, décorée avec les œuvres des artisans d'art de la commune, devient aussi un point de ralliement. Mais aujourd'hui une affiche signale la fermeture pour changement de propriétaire. Le nouvel acquéreur, Jacqueline Michard, annonce la réouverture au 1er janvier. Les rideaux, en cette triste journée, n'ont pas été baissés pour cause de deuil, mais tout simplement pour les travaux de rénovation.

Alors que les premières personnes, têtes inclinées, visages marqués, commencent à sortir de l'église, les paroissiens amassés autour du parvis chuchotent en commentant le déroulement de la cérémonie :

« C'était sobre et simple. Comme l'aurait souhaité Yves Rocher.

— Dame sûr ! les prières lui correspondaient et les cantiques ont été bien choisis. Sais-tu s'il avait exprimé ses dernières volontés ? » interroge un retraité qui s'essuie discrètement les yeux.

Élodie se tourne à nouveau vers sa collègue :

« C'était un grand croyant Yves Rocher ?

— Oui, mais il était très discret. Tu n'as pas entendu le curé dans son sermon ? »

Au cours de l'homélie, le père Frapsauce a évoqué l'homme de conviction : « Ceux qui ont côtoyé Yves Rocher savent qu'une foi profonde sous-tendait toutes ses activités, mais il ne l'extériorisait jamais ou très rarement. Il aimait, dans le tourbillon qu'était sa vie, aller se ressourcer régulièrement dans le silence avec les moines de l'abbaye de Timadeuc. »

Et, pour mieux convaincre son amie, Stéphanie ajoute :

« T'as remarqué ? Ce n'est pas par hasard si le curé a lu le texte de l'évangile de Jésus-Christ à Saint-Jean qui dit : "Aimez-vous les uns les autres comme je vous ai aimés. Il n'y a pas de plus grand amour que de donner sa vie pour ceux qu'on aime." »

Élodie écoute et découvre. Les histoires d'église ne la passionnent vraiment pas... D'ailleurs, il y a très longtemps qu'elle n'a pas assisté à une messe. Pourtant, au moment des prières universelles, son attention a été attirée par les prises de parole de la famille :

« C'était émouvant quand Gwenaël, le fils de Didier, a rappelé les deux phrases que prononçait souvent son grand-père.

— Oui, combien de fois je l'ai entendu dire ces mots-là », précise l'ancien qui se mêle à la conversation.

« Comment, déjà ? demande Élodie.

— "Un homme vaut un homme, mais un homme qui souffre en vaut dix." Ou encore : "Ne jugez pas, vous ne savez pas tout."

— Et Nelson, qui est-ce ?

— Un autre petit-fils.

— C'est beau aussi ce qu'il a dit.

— Oui, renchérit le retraité. J'ai même pris des notes. » Il les lit avec quelques hésitations : « Il a tant aimé la nature, son pays, La Gacilly, jusqu'à lui consacrer toute son énergie… Papy, c'était un grand-père peu commun… La communication n'était pas son point fort, mais je me souviens de son sourire, il y a deux semaines à l'hôpital quand j'évoquais mes projets. J'ai ressenti une force, mais aussi une amertume, celle de n'avoir pas compris à quel point on comptait pour lui. »

Quant à Jacques, le fils cadet, il s'est adressé à son père en ces termes : « Tu nous quittes, mais ton esprit hors du commun est avec nous. Ta ténacité légendaire face aux épreuves et aux difficultés nous irrigue. Au-delà de la réussite, tu es toujours resté simple et humble, toujours fidèle à tes racines. Ton empreinte est là, indélébile… »

*

*   *

L'assistance ignore que la veille, au château de La Forêt Neuve, la famille au grand complet s'est retrouvée pour valider les textes, les cantiques et répartir les prises de parole.

Pendant que ses fils, filles et petits-enfants réfléchissent aux derniers détails de la cérémonie, le corps d'Yves Rocher repose dans la charmante chapelle attenante aux anciennes écuries.

Vers 17 heures, le cercueil ramené de Paris a été déposé devant le petit autel en bois. Ici, le maître des lieux passera sa dernière nuit dans la propriété. Yves Rocher répétait souvent l'attachement qu'il portait à cet édifice du XVe siècle, à l'architecture dépouillée, avec sa charpente à liens courbés dans l'abside et ses quelques sablières sculptées.

Parfois, en été, une messe y était célébrée, ce qui lui procurait un immense plaisir.

De son côté, une équipe liturgique, réunie autour du père Frapsauce, a aussi pensé au déroulé de l'office. L'ensemble choral Capella Magdalena les a rejoints pour préparer les chants grégoriens du préambule et de la fin de la messe.

Pour maîtriser l'événement, il a fallu tout improviser en peu de temps : accueil de la famille, des amis, des autorités ; circulation et stationnement ; sonorisation ; rassemblement de la foule, la principale préoccupation...

Dès que la nouvelle a été rendue officielle, le midi du samedi 26 décembre, jour du décès, les élus du conseil municipal, les services techniques de la commune et de la communauté de communes, aidés de la gendarmerie et des services de l'État, se sont mis au travail. Le dispositif, conçu en quelques heures, s'est adapté aux lourdes réalités d'une journée de recueillement, empreinte de tristesse et d'émotion partagées.

Et, dans leur inconscient collectif, les Gaciliens ont soudain ressenti qu'ils étaient en train de vivre un moment historique. D'ailleurs solennisé par un message de Nicolas Sarkozy : « Le Président de la République salue la mémoire de ce grand industriel français. [...] Il tient aussi à rendre hommage à l'engagement citoyen de cet homme, passionné de politique, ayant exercé plusieurs mandats en Bretagne, endroit qu'il aimait tant. [...] »

« Le pays est celui qui t'a bercé. » Yves Rocher reprenait souvent à son compte cette phrase de la tante Scolastique. Aujourd'hui, le « pays » est là, uni et recueilli, pour l'accompagner une dernière fois. Lui exprimer sa reconnaissance.

Le moment choisi pour les derniers adieux et les marques d'amitié se situe souvent à la fin la messe. Le prêtre s'efface et propose son pupitre aux intervenants.

Deux compagnons des débuts ont accepté d'être les interprètes des salariés. Ils sont les premiers à s'exprimer, et ce choix de préséance n'est certainement pas un hasard.

François Naël, 75 ans, est entré dans l'entreprise le 11 janvier 1959, au retour de la guerre d'Algérie. Il a participé à toutes les aventures, gravi les échelons pour terminer sa carrière au service du personnel, responsable des embauches. Il a été recruté comme septième salarié du « grenier », ce premier atelier installé au domicile et dont la référence vaut aujourd'hui toutes les médailles du mérite. En 1995, alors qu'il souhaitait bénéficier d'un repos bien mérité, il a été rappelé par Yves Rocher pour siéger au conseil municipal. Pendant treize années, il a assumé le mandat d'adjoint aux finances et aux sports.

En prenant le micro, François Naël est ému : « Le jour de l'inauguration de sa première usine aux Brelles en août 1959, Yves Rocher a formulé cette promesse : "Un jour, La Gacilly sera prospère ; j'en fais le serment, vous serez juges..." Très proche de ses salariés, il leur disait sans cesse : "Je compte sur vous, vous pouvez compter sur moi..." Ce grand patron, fidèle à ses amis, ne les a jamais quittés... »

Guy Étourneau, 80 ans, originaire d'Avessac en Loire-Atlantique, a connu Yves Rocher au collège Saint-Sauveur de Redon, dans les classes de sixième et de cinquième. Ayant entendu parler de la réussite de son ancien camarade de dortoir, il a décidé en 1962 de tenter sa chance en lui adressant une lettre de candidature. La réponse fut immédiate.

Lui aussi fut le témoin de toutes les grandes mutations du groupe. En 1989, il prenait sa retraite en qualité de directeur administratif des trois unités bretonnes. Et, comme pour François Naël, Yves Rocher le sollicita à la mairie : « Venez au conseil municipal avec moi, ça vous occupera, m'a-t-il dit. Une fois encore, il a eu raison... »

Le regard sombre, Guy Étourneau s'adresse au défunt : « Quand, en 1965, vous avez décidé de lancer quatre produits à base de plantes, ça n'avait rien d'évident. Les publicitaires de l'époque avaient prédit votre perte.

C'était sans compter sur vos qualités d'opiniâtreté et de meneur d'hommes… »

De tous les hommages, après la famille, ce sont ceux des salariés et des concitoyens qui auraient le plus touché le défunt. Mais les personnalités veulent aussi saluer l'homme bâtisseur, qui n'aurait pas été non plus insensible à la reconnaissance de la Nation. Toute sa vie, il s'est battu pour que son pays, sa Bretagne, soit moins méprisé des cercles parisiens – où il ne se sentait pas à l'aise, évitant même de les fréquenter.

Aujourd'hui, en la personne de Christian Estrosi, c'est la France qui vient à lui, ici, à La Gacilly. En chaire, le ministre vante les mérites du grand capitaine d'industrie, un visionnaire de la révolution verte, pionnier du développement durable : « Il ne s'est pas contenté de suivre la tendance, mais l'a créée. Là où l'exode rural a été une hémorragie, ici, il a lutté en créant de l'activité et de l'emploi. »

En trouvant le ton juste, Joseph Kergueris, président du conseil général du Morbihan, évoque à son tour la personnalité de son ancien collègue de l'assemblée départementale : « Yves Rocher restera longtemps vivant. L'exemple du parcours de l'enfant de La Gacilly montre qu'il n'y a pas que la naissance et la haute éducation qui autorisent à relever de grands défis, pour peu qu'on y consacre son intelligence, une grande détermination et un attachement profond à la terre qui nous a vus naître et à ceux qui l'habitent… »

Le dernier mot revient au représentant de la population locale. Marcel Texier, premier adjoint de La Gacilly, affirme que l'Histoire retiendra son nom. Il insiste sur l'homme de cœur : « Le cœur d'un père déchiré par la disparition récente de son fils Didier. Le cœur d'un élu, profondément attaché au développement économique et social de sa commune, de son canton, de sa Bretagne. Le cœur d'un homme simple, respectueux des gens, sensible aux difficultés de ses semblables. »

Généralement, les discours fatiguent. Surtout quand ils se suivent en si grand nombre. Mais, aujourd'hui, ils captent l'attention. Est-ce parce qu'ils sont concis et bien sentis ? Ou parce que chacun y retrouve une petite part de vécu ?

*

*   *

Un murmure sourd gagne la place.

Dans quelques instants, Yves Rocher quittera pour la dernière fois cette église à laquelle il était attaché, pour y avoir vécu de bons et de mauvais souvenirs. Une église à l'allure bizarre, construite entre 1845 et 1872, dans un style qui étonne plus d'un visiteur. Le monument néo-grec, rigide et dépouillé, rappelle davantage un temple ou un théâtre antique qu'un lieu de culte. L'intérieur reste froid. Heureusement, deux tableaux récemment restaurés, *La Femme adultère* et *Saint Nicolas*, humanisent un peu le décor.

Le sobre cérémonial des obsèques de ce jour, sans aucun signe ostentatoire, se plie bien à ce cadre austère. Le cercueil en chêne du pays, le même que celui qui avait été choisi pour sa mère Marguerite et pour son fils Didier, ne comporte aucune fioriture. On a juste posé dessus la cravate de commandeur de la Légion d'honneur que Nicolas Sarkozy lui avait remise à l'Élysée le 21 janvier 2008.

Une grande photo du défunt le montrant en train de planter un arbre à La Forêt Neuve en août 2009 attire les regards.

La consigne avait été donnée de limiter les fleurs. Elle a été respectée. Seules figurent les gerbes blanches de la famille et celles des élus, en nombre raisonnable. En haut des marches, un arbre de roses offert par les artisans et les commerçants orne l'entrée de l'église.

Jean-Claude Filatre, l'ordonnateur des pompes funèbres, s'avance délicatement, lance quelques signes aux maires du canton pour aller prendre place sur le parvis et former la haie d'honneur. Quatre sapeurs-pompiers s'approchent et lèvent délicatement le cercueil pour le déplacer vers la sortie. Ils descendent lentement la nef et s'immobilisent quelques instants entre les quatre colonnes, devant le monument aux morts.

La foule se courbe. Les nombreuses autorités régionales et départementales en tenue sombre se regroupent aux côtés des élus locaux.

Sur la place, Daniel Huchet a suivi attentivement la cérémonie. Enfant, il habitait à proximité de la chapellerie des parents, rue Saint-Vincent. Il a donc bien connu la famille et Yves était pour lui un aîné. En fixant à cet instant le cercueil, si près du monument aux morts, Daniel se remémore le drame qui avait profondément choqué Yves Rocher. Il l'évoquait si souvent.

C'était un jour d'août 1944. En cette période joyeuse de la Libération. Yves Rocher avait 14 ans et partageait l'allégresse de la population. Mais, à La Gacilly, comme dans toutes les communes de France, l'heure des règlements de comptes avait aussi sonné. Une nuit, des résistants, accompagnés de militants de la première ou de la dernière heure, jetèrent par les fenêtres les mobiliers des Gaciliens qui avaient eu des regards bienveillants pour les troupes d'occupation. Des unités qui séjournaient encore dans le village tirèrent en l'air pour dissuader les justiciers. Une balle ricocha et blessa une jeune fille.

Dès le lendemain, le dernier carré allemand, après s'être rendu, fut regroupé à l'hôtel de France. Les résistants demandèrent alors qui avait tiré et blessé la jeune fille. Fut-il dénoncé, ou avoua-t-il spontanément ? Un soldat leva la main et fut aussitôt conduit au monument aux morts pour l'exécution.

Sur la place, une vingtaine de personnes, dont Yves Rocher, assistaient à ce procès expéditif. Dans le petit groupe, deux hommes courageux se dressèrent : François Le Chêne et Joseph Gérard, le garagiste. Anciens de la guerre de 1914-1918, ils interpellèrent les résistants :

« On ne tue pas un prisonnier. On doit respecter les lois. »

Le tribunal de la rue ne voulut rien entendre. Les deux opposants essayèrent encore de parlementer. En vain.

« Écartez-vous », intima le chef.

Le soldat refusa d'avoir les yeux bandés. Et les coups de feu claquèrent !

Yves Rocher, admiratif du courage de ces deux anciens combattants de La Gacilly, mais profondément choqué de l'exécution sommaire, gardera un souvenir indélébile de ce moment douloureux.

Toute sa vie, il a veillé à ce que le trou de l'impact de la balle sur le monument aux morts ne soit jamais rebouché. Il a aussi envisagé de donner les noms Le Chêne et Gérard à une rue de La Gacilly.

Près du monument aux morts, le cercueil, ainsi immobilisé quelques instants, semble observer une minute de silence, en hommage aux victimes et héros des deux dernières guerres.

Dans l'assistance, pénétrée d'une forte émotion, peu de gens, comme Daniel Huchet, associent ce dernier salut à cette blessure morale d'Yves Rocher, oubliée dans le labyrinthe de l'Histoire...

CHAPITRE 2

IL A REJOINT DIDIER

En s'installant au volant du corbillard, un Boxer Peugeot, Jean-Claude Filatre, 62 ans, conduit son « patron » pour la dernière fois. Le propriétaire des pompes funèbres de La Gacilly, malgré sa longue expérience, ne parvient pas à dissimuler son émotion. Il lui doit tant ! Tout en roulant au pas, il se remémore les moments vécus ensemble depuis leur première rencontre, vingt-huit années plus tôt.

Originaire de Châteaubriant, Jean-Claude Filatre entre en 1970 à l'usine de la Croix des Archers comme magasinier avant de devenir chauffeur poids lourd.

Peu de temps après son embauche, le directeur, Roland Hérouin, le remarque et lui propose en 1971 la place de chauffeur particulier du P-DG. Un poste délicat qu'il assumera jusqu'en 1980, en pilotant Yves Rocher dans tous ses déplacements.

Des souvenirs, il en a plein. De quoi remplir des pages. Mais Jean-Claude Filatre a toujours observé la discrétion, règle d'or dans cette fonction pour gagner et garder la confiance du patron.

Durant le parcours en direction du cimetière, son collègue l'interroge sur leurs relations :

« Comment se comportait-il avec toi ?

— C'était un homme simple. Il montait parfois devant pour discuter, demander des nouvelles du pays, parler de sa famille ou de la mienne. Quand il s'installait derrière, le patron téléphonait sans cesse avec un Alcatel de l'époque. Sa voiture, une Mercedes 300 SL, devenait alors un bureau. En tous les cas, il fallait toujours être ponctuel. Yves Rocher ne supportait aucun retard, pour lui comme pour les autres. Je devais aussi savoir qu'il n'existait ni jour ni heure. Un samedi soir ou un dimanche, il pouvait m'appeler pour l'emmener à Paris...

— Quelle vie ! C'est pour cela que tu es parti ?

— Non. Je voulais tout simplement me mettre à mon compte. Quand je lui ai annoncé mon intention de devenir taxi-ambulancier, il m'a répondu : "C'est très bien. Considère-toi en disponibilité pendant deux ans et, si tu ne réussis pas, tu reviendras dans l'entreprise." Le P-DG appréciait ceux qui n'hésitaient pas à prendre des risques.

— Sympa ! commente le collègue.

— Tu sais, un geste comme ça, on ne l'oublie pas. Plus tard, quand j'ai créé mon affaire de pompes funèbres et de gardiennage, il ne m'a jamais oublié. Il s'intéressait toujours à l'évolution de mon commerce... »

Quatre cents mètres environ séparent l'église du cimetière. La procession s'y rend directement.

« Je croyais qu'on allait faire un détour par la maison natale, rue Saint-Vincent. En 1994, pour le décès de Didier, le cortège s'était arrêté devant le magasin et avait observé une minute de silence, rappelle le salarié.

— Non, pas cette fois. Pour des raisons de sécurité, le crochet n'a pas été envisagé. Mais le convoi y est passé à l'aller. Les quatre voitures ont juste ralenti. »

Lentement, le cortège approche de la dernière demeure. Derrière le corbillard suivent toute la famille et les amis les plus proches. L'inhumation a été prévue dans l'intimité. Mais beaucoup de Gaciliens veulent quand même marquer leur présence en suivant silencieusement, à distance.

La tombe familiale se situe à l'entrée du cimetière. La troisième, dans la quatrième rangée à droite. En pierre blanche, le monument garde sa sobriété et ne se différencie pas des autres. Sur les facettes de la croix figurent seize noms. Les hommes d'un côté, les femmes de l'autre et les enfants. Depuis Joseph-Marie (1807-1869), la descendance apparaît en ligne directe, au grand complet.

Yves s'ajoute aujourd'hui à la liste. Les dates les plus proches remontent à 1944 pour Joseph Rocher, son père, 1988 pour Marguerite Rocher née Morin, sa mère, et 1994 pour Didier, son fils.

Le ciel, qui a tenu jusque-là, craque.

Devant le caveau ouvert, sous une pluie fine, la famille se recueille. Sont serrés les uns auprès des autres son épouse, les garçons Daniel, Jacques, les deux filles, les neuf petits-enfants… Au signal de Jean-Claude Filatre, chacun s'avance pour déposer une rose blanche.

En accomplissant le geste, Daniel ne peut s'empêcher d'avoir cette pensée qu'il exprimera plus tard dans *Les Informations de La Gacilly* : « Il y a quinze ans, mon père écrivait lors du décès de mon frère Didier : "Hier je l'écoutais, aujourd'hui je l'entends." À mon tour, je veux faire un lien indéfectible avec lui pour continuer à avancer et à aimer la vie. Que sa force et son courage nous guident sur le chemin périlleux de notre existence. »

Sur la pierre, on aurait pu aussi inscrire cette maxime du défunt : « Je me suis construit sans faire comme les autres, ni écouter les autres. »

30 décembre 2009. Yves Rocher repose à jamais auprès des siens, dans ce pays qui l'a vu naître et l'a bercé soixante-dix-neuf ans plus tôt.

Il se donne à cette terre qu'il a servie et tant aimée !

*

* *

Dans les moments de fatigue, il lui arrivait souvent de confier : « Quand irai-je rejoindre Didier et mon père ? »

Yves Rocher parlait de plus en plus souvent de la mort. Homme de foi, il adhérait à la pensée janséniste, ce mouvement religieux de la prédestination, développé aux XVIIe et XVIIIe siècles pour s'opposer aux évolutions de l'Église catholique et à l'absolutisme royal. Il prêtait une grande importance à la relation entre la foi et la vie chrétienne, selon les préceptes de saint Augustin : « Dieu accorde sa grâce par avance à ceux qui la mériteront. La liberté de l'homme existe, mais elle est limitée. » Pour les jansénistes, le salut ne dépendait que de la seule grâce de Dieu.

Lui, avec son langage empreint d'un certain pragmatisme, inspiré certainement par l'enseignement de saint Yves, son patron, il disait plus simplement : « Si on vient sur terre uniquement pour ramasser les biens dont on sait la futilité, c'est un peu desséchant au niveau du cœur. »

Ses convictions, l'enfant de La Gacilly les avait forgées en aidant et en soutenant son prochain. Il agissait toujours avec discrétion et sans attendre de retour : « Quand vous supprimez une souffrance, quelle qu'elle soit, eh bien ! vous n'êtes pas venu pour rien. »

Joseph, son père, un homme digne, lui avait inculqué ces valeurs dès le plus jeune âge. Le jeudi, le garçon devait l'accompagner dans ses actions bénévoles. Yves s'en serait bien passé et aurait préféré rejoindre les copains. Mais le père restait intransigeant et voulait que ce petit sacrifice marque à jamais son fils.

Yves Rocher citait souvent aussi l'exemple de la vie de l'oncle Pierre Hoéo de La Vallière. Vers les années 1800, cet abbé avait créé à Carentoir un collège dans le manoir de son père. Peu de temps avant de mourir en 1863, il fondait, sur l'emplacement actuel du centre d'aide par le travail du Bois Jumel, un hospice pour accueillir les hommes nécessiteux.

Évidemment, les sentiments chrétiens du défunt n'avaient pas échappé au père Frapsauce, qui les a évoqués dans son homélie : « Toute sa vie aura été un combat pour l'homme. Il a eu constamment le souci du bien-être et du bonheur de ses administrés, pendant quarante-six ans comme maire, et des employés de son entreprise. Avec une ténacité bien bretonne, il a su mener de front ces deux activités, en ne perdant jamais de vue la personne humaine. »

D'une grande réserve, Yves Rocher s'efforçait de dissimuler sa sensibilité. Seuls la famille et les amis la percevaient. Édith Derroisné, sa filleule, traduisait même ses silences. Jusqu'aux dernières semaines de sa vie, une forte complicité, remontant à l'enfance, les unissait.

Au cours de nombreuses promenades à pied, Yves se confiait souvent à sa filleule. Elle souriait quand, en levant la main, avec son regard bleu profond, transperçant et pétillant, il ponctuait ses phrases par : « Oh ! ma fille, tu ne connais pas tout... »

Chez les Rocher, les liens familiaux tiennent une place importante, mais ne sont pas toujours évidents à comprendre en raison des remariages.

Au siècle dernier, les maladies, les guerres, les épidémies brisaient les couples en pleine force de l'âge. Il arrivait fréquemment que les veuves ou les veufs reconstituent un foyer. Ce fut le cas chez les Rocher.

Joseph, le père d'Yves, s'était marié une première fois à Reine Bellamy, qui lui donna une fille, prénommée aussi Reine. La petite famille connut un bonheur éphémère, onze ans à peine.

Après le décès de son épouse, Joseph se retrouva seul avec Reine, âgée de 6 ans. Il décida alors de refaire sa vie avec Marguerite Morin, une jeune fille originaire de Bains, revenue au pays avec ses parents après avoir exercé le métier de couturière à Paris.

De cette nouvelle union naquit Yves, qui vouera une profonde admiration à sa demi-sœur, plus âgée de dix ans. Mais, à 28 ans, Reine ne se remettra pas de l'accouchement de sa fille Édith, qu'elle laissera orpheline à 4 mois.

Yves avait alors 18 ans. Une maturité suffisante pour assumer pleinement son rôle de parrain. Le jour des obsèques de sa grande sœur, il avait pris le bébé dans ses bras, en jurant de protéger Édith toute sa vie. Jusqu'à ses derniers jours, il tiendra parole.

À la sortie du cimetière, Édith Derroisné raconte à son amie Anne l'une de ses dernières rencontres avec cet homme qu'elle aimait et respectait tant.

« Quand l'as-tu vu pour la dernière fois ? » lui demanda Anne.

— Début novembre à Marrakech. Quelques semaines avant le rapatriement d'urgence.

— Comment était-il ?

— Vif, curieux de tout, me demandant beaucoup de détails sur la vie des enfants et des amis. Il voulait des nouvelles du pays.

— Son moral ?

— Il ne se plaignait pas mais je percevais une grande tristesse dans le regard. Surtout quand il caressait Dick, son magnifique berger allemand dont il ne se séparait jamais. Son fidèle compagnon de 9 ans venait de subir, en octobre, une opération du dos. Malgré les soins, il ne réussissait pas à bien le remettre sur ses pattes. Le chien se déplaçait difficilement. Il souffrait. Comme son maître. Tous deux restaient de longs moments à se fixer, comme s'ils cherchaient à se consoler sans s'apitoyer. »

Édith ajoute :

« Ils étaient tellement complices tous les deux que j'avais décidé de lui offrir en juillet 2009 une reproduction en bronze, grandeur nature, d'une photo de Dick. Le modèle avait été réalisé par un artisan sculpteur de La Gacilly. Mon parrain avait été touché et il avait installé l'œuvre dans l'escalier de la propriété de La Forêt Neuve. Quand il montait à sa chambre, il jetait toujours un regard vers lui.

— Dick vit toujours ?

— Non, peu de temps avant l'hospitalisation de Parrain à Paris, il a succombé à une infection généralisée.

Cela a été très pénible pour lui. Peut-être qu'il y voyait un signe prémonitoire... »

*
* *

Une semaine avant l'accident vasculaire cérébral, Pierre Roussette avait, lui aussi, séjourné quelques jours à Marrakech. Il avait trouvé « le Patron » fatigué, mais « d'une lucidité incroyable ».

Pendant une vingtaine d'années, Pierre Roussette a été son homme de confiance, dévoué, toujours disponible pour lui.

Originaire du Pas-de-Calais, ce jeune Breton d'adoption exerce dans un cabinet d'expertise comptable à Ploërmel, puis dépose une candidature spontanée à l'entreprise Rocher. En octobre 1987, il est recruté pour remettre en ordre les dossiers administratifs et financiers de la société Gelem de Sixt-sur-Aff, qui vient d'être rachetée par le chef d'entreprise de La Gacilly. Il y reste peu de temps, car le P-DG le remarque et lui demande de le rejoindre en 1988.

Le jeune cadre devient chef de cabinet, un poste spécialement créé pour lui. « Tu verras, le patron est humain, mais tellement exigeant ! Tu ne pourras pas tenir au-delà de six mois », lui prédisent des collègues bien intentionnés.

Pierre Roussette s'en rend vite compte : « C'est vrai qu'à tout instant il me sollicitait. Aussi bien des dimanches entiers que le 1er janvier. Combien de fois j'ai dû au dernier moment annuler mes vacances ! Il appelait parfois à minuit pour une information. Mais il avait une personnalité abordable, tellement attachante... Pour moi, ce n'était pas un travail, plutôt un choix de vie. »

Le président lui confiera des missions : le suivi des dossiers de participation dans les sociétés bretonnes, la gérance de l'hebdomadaire *Les Informations de La*

Gacilly, des délégations pour siéger dans différentes instances...

« Oui, le patron était pour moi un second père », remarque Pierre Roussette.

Au cours des cinq dernières années, le directeur de cabinet a installé son bureau au château de La Forêt Neuve pour rester plus disponible auprès du P-DG.

Quand Yves Rocher séjournait à Marrakech, Pierre Roussette le rejoignait, en moyenne une semaine par mois, pour faire le point sur la situation de la société, valider certaines orientations, l'informer sur les dossiers municipaux... Car, jusqu'au dernier moment, le fondateur voulait s'impliquer, avoir connaissance de toutes les décisions prises au sein du groupe.

« La dernière fois que je l'ai vu au Maroc, vers le 20 novembre, une semaine environ avant son accident de santé, il était physiquement fatigué. Deux fois par jour, son kinésithérapeute, Isham, lui prodiguait des soins. Il s'isolait dans sa chambre des demi-journées entières, pour méditer ou lire. Mais il se montrait toujours aussi vif, curieux et attentif à chaque détail. Cette semaine-là, j'étais allé lui présenter le bilan de l'année. Il l'attendait avec une certaine impatience. »

« Alors, Pierre ?

— Les indicateurs sont bons. La trésorerie, en équilibre. »

Le patron avait souri. Son visage était devenu soudainement apaisé, serein. Une lueur avait traversé son regard. Comme s'il voulait signifier : « Parfait, si tout est en ordre, mission accomplie ! Maintenant... »

*

* *

Le 30 novembre 2009, une attaque cérébrale frappe l'homme qui a écrit l'histoire contemporaine de La Gacilly. Par avion, Yves Rocher est rapatrié d'urgence à l'hôpital Lariboisière, à Paris. Le pronostic reste très réservé. La famille, qui l'entoure, se prépare au pire.

À mots couverts, des proches présagent qu'Yves Rocher attend le 23 décembre pour aller rejoindre Didier. C'est ce jour-là, quinze ans plus tôt, en 1994, qu'il avait appris, à l'heure du dîner, le décès accidentel de son fils aîné. À trois jours près, cette date du 23 décembre aurait pu devenir, dans la mort, celle de leur anniversaire commun.

CHAPITRE 3

SAUVER LE PAYS

Plus jamais Yves Rocher ne traversera son village.

Jusqu'aux dernières années, avant que la maladie ne l'affaiblisse totalement, il appréciait les promenades à pied, les rencontres avec les habitants, surtout les anciens et les amis d'enfance. Avec eux, il partageait des souvenirs, regardait des photos du passé qu'il recherchait sans cesse. La passion admirative de sa commune guidait ses pas lents et mesurés. Lui qui avait été maire quarante-six années sans interruption restait toujours attentif au moindre recoin de la localité.

Quand le premier magistrat présentait la cité à ses invités, il n'abusait jamais des superlatifs. Le regard s'illuminait et valait bien des discours pour montrer la beauté des rues fleuries et des rives de l'Aff. Il ne s'en vantait jamais. Mais c'était grâce à lui que les charmes naturels du pays avaient été si bien mis en valeur.

Niché au creux d'une verte vallée, ce joyau aux charmantes venelles emplies de chèvrefeuilles, de valérianes, de roses trémières, de pivoines et de vivaces aromatiques puise ses racines dans une histoire lointaine.

Trois mille ans avant Jésus-Christ, la région était déjà habitée. Le dolmen des Tablettes de Cournon, le menhir de la Roche Piquée ou des haches polies de silex en témoignent. Dans les années 50 avant Jésus-Christ, les légions romaines, conduites par Jules César, laissaient les traces de camps retranchés comme le montre l'oppidum de la Bergerie. Au début du Vᵉ siècle, les Vénètes prenaient possession de ce territoire relié désormais au Vannetais.

La ville prit naissance avec la construction d'un château fort au XIIᵉ siècle. Au début du XXᵉ, La Gacilly, forte de son agriculture et de son élevage, jouissait d'une existence plutôt prospère, perceptible le dernier samedi de chaque mois à la foire aux bestiaux.

Le petit port fluvial servait aussi de baromètre économique. Les chalands, en escale sur le vieux ponton, apportaient ou embarquaient denrées alimentaires, bois, chaux vive et tous autres frets. Le trafic fluvial donnait une respiration à tout le secteur.

Mais, entre les deux guerres, le pays connut le déclin et l'exode rural. La population chuta de 2 000 à 1 000 habitants, et personne ne trouva le remède pour stopper cette hémorragie. La région était-elle inexorablement condamnée ? Un homme ne s'y résignait pas : Joseph Rocher.

Dans les repas de famille ou en discutant avec les voisins et les clients, le père d'Yves évoquait souvent cette angoisse. Pressentait-il qu'il n'en avait plus pour longtemps à vivre ? Un jour de l'hiver 1943, à la sortie du cimetière, Joseph prit son fils par le bras et lui confia : « Le pays est en train de mourir. Il faut le sauver. » Curieuse mission, quasi surréaliste, pour un jeune de 13 ans ! Le message ambitieux fut pourtant entendu. Peu d'années après, l'adolescent releva le défi, au-delà de toutes les espérances.

Soixante-cinq ans après l'avoir quittée, Joseph Rocher serait surpris et heureux de retrouver sa cité, ainsi métamorphosée, épanouie, grandie. Et Yves serait fier de lui montrer son bilan.

D'abord le caractère préservé du centre-ville, à l'image des rues Saint-Vincent et Lafayette repavées à l'identique, avec ces vieilles maisons typiques du XVIᵉ siècle, aux architectures robustes, à trois étages, aux volets bleus, aux fenêtres étroites et à petits carreaux, aux pierres apparentes et patinées qui jettent des reflets bleutés comme au temps jadis.

Cet habitat typique a repris vie sous l'impulsion de ce fils, auquel Joseph avait transmis toutes ses espérances. Élu maire, Yves Rocher avait mené campagne pour convaincre les propriétaires de décrépir les façades, condition indispensable, avec les pavés de la chaussée, pour faire renaître le quartier et lui redonner son authenticité.

Occupées pour la plupart par des artisans d'art, les petites maisons rustiques attirent les foules de l'été, qui s'arrêtent également pour le Festival photo Peuples et Nature ou pour le Jardin botanique, riche de plus de 1 100 espèces... Aujourd'hui, le village de schiste, traversé par l'Aff, une jolie rivière, héberge 2 240 résidents et accueille chaque année 200 000 touristes !

Joseph, s'il revenait maintenant, verrait avec bonheur qu'il vit et qu'il travaille, son village restauré ! Car le pays ne se contente pas d'être beau. Il se distingue aussi pour son industrialisation qui rayonne à travers le monde, en versant ses effluves parfumés sur tous les continents.

« Le pays est en train de mourir. Il faut le sauver », lui avait dit Joseph, soixante-cinq ans plus tôt. Mieux que sauvé, il est ressuscité.

*

* *

Tout au long de son existence, Yves Rocher a gardé une forte admiration pour son père. Il en parlait souvent et ne se consolait pas de son décès, à 57 ans.

La disparition de cet être cher fut le premier drame de sa vie. À 14 ans, l'adolescent aurait tellement voulu encore apprendre de lui, recevoir des conseils, l'accompagner pour mieux suivre son exemple.

Tous, au pays, reconnaissaient à Joseph une forte et riche personnalité. À certains, il paraissait parfois distant, peut-être en raison de son indifférence pour les potins et les dissensions de voisinage. Le chapelier de la rue Saint-Vincent préférait la grande histoire aux petites histoires locales. Se tenant toujours droit, grand et mince, le personnage en imposait. Davantage citadin que paysan, on lui prêtait même des allures d'intellectuel. Il ne se vantait jamais et considérait d'ailleurs l'humilité comme une qualité indispensable dans la personnalité d'un être humain.

Joseph s'était marié une première fois à Reine Bellamy. De cette union étaient nés trois enfants, mais seule une fille avait survécu. Tradition oblige, elle portait le prénom de sa maman. Le petit cercle familial avait été affecté par les malheurs successifs. Cet homme, pourtant solide, repensait souvent à Odile, morte le jour de sa naissance le 12 mai 1926. Un an avant, il avait été bouleversé par le décès de son fils de 4 ans, ce garçon qu'il avait tant appelé de ses vœux.

Comment aurait-il pu rester insensible à toutes ces épreuves ? Elles expliquaient certainement son comportement réservé, voire austère. Mais les gens de La Gacilly le comprenaient et gardaient leur estime pour ce commerçant qui se retranchait dans la prière en allant à la messe tous les matins, en compagnie de deux autres veufs. Ils l'appréciaient aussi pour son dévouement et sa disponibilité au service des autres. C'était sa meilleure manière de compenser une attitude un peu froide.

Souvent, dans les repas de fête, la famille prenait un malin plaisir à ressortir l'arbre généalogique. Les plus érudits affirmaient qu'avant la Révolution les Rocher exerçaient, dans le marquisat de La Bourdonnaye à Carentoir, les métiers de procureurs fiscaux, connus pour défendre en haute justice les droits et les intérêts du seigneur. Ils rappelaient aussi que le premier chapelier s'était installé à La Gacilly en 1840. Celui-ci avait fondé la lignée des trois Joseph qui allaient se succéder.

Il avait fallu attendre la naissance d'Yves pour déroger à la coutume du prénom de père en fils.

Dans les années 1900, la chapellerie comptait parmi les commerces florissants du village.

Dès leur adolescence, les garçons coiffaient un couvre-chef pour se donner de l'assurance et faire plus « homme ». Quant aux jeunes filles et aux femmes, elles suivaient attentivement la tendance et changeaient de modèles aux saisons. À chaque cérémonie, le chapeau ponctuait l'élégance.

Entre les deux guerres, l'activité commença à baisser considérablement : la mode évoluait à grande vitesse tandis que le pouvoir d'achat faiblissait.

C'est dans ce contexte que Joseph, le père d'Yves, assura la relève alors qu'il ne s'y était pas préparé et, pour tout dire, ne la souhaitait pas.

Né le 16 avril 1887, il avait suivi des études chez les eudistes à Saint-Sauveur de Redon, en prenant goût au grec, au latin et aux sciences humaines. Après avoir obtenu brillamment son brevet, l'élève se lança dans le droit et travailla ensuite chez un notaire, où il resta cinq ans jusqu'en 1921, année du décès de son père. Le clerc dut à regret abandonner son orientation pour reprendre le magasin.

Le galurin, dans les années 1920, changea totalement d'aspect. Coco Chanel lança le fameux chapeau cloche ou la capeline qui détrônèrent les boléros à cascade de dentelles. La coiffure à la garçonne révolutionna le paysage de la haute couture. Les hommes abandonnèrent le haut-de-forme pour adopter un style plus hollywoodien et bientôt la casquette.

C'est à cette époque que le chiffre d'affaires commença à baisser. Pour surmonter la crise, Joseph, en bon entrepreneur, décida de diversifier les activités.

Bien que n'ayant pas trop le sens du commerce, le nouveau propriétaire ne manquait pas d'idées. Tout en continuant à fabriquer et à teindre les feutres dans une petite remise, située à cent mètres du magasin, il développa l'exploitation du lin. Au début, il sillonna la campagne à bicyclette pour acheter la matière première qu'il faisait rouir dans un ruisseau de La Navetterie. L'opération consistait à tremper dans l'eau la plante et le chanvre afin que les fibres textiles se détachent des tiges. C'était ensuite les phases de la teinture, du tissage à Lorient, puis de la commercialisation dans la boutique familiale.

Le commerçant artisan incita aussi les agriculteurs à étendre ce type de culture dans le pays de La Gacilly. Progressivement, le chapelier devint courtier, mettant en relation les paysans et les industriels pour le négoce du lin et du chanvre, qu'il expédiait souvent à Lorient où il avait créé un réseau. Comme il parcourait la campagne et qu'il connaissait beaucoup de monde, une compagnie d'assurances lui avait aussi demandé de la représenter.

Dans les moments creux, Joseph se rendait à son jardin situé à quelques dizaines de mètres du domicile pour cultiver petits pois, haricots, tomates... et prendre soin de la basse-cour. Cette activité était, bien sûr, indispensable pour nourrir la famille. Il recherchait avec plaisir ces instants et ressentait là, en s'isolant, paix et sérénité. Il ne fallait surtout pas oublier de donner à manger aux lapins, une tâche qu'Yves accomplissait également avec joie. L'automne, l'homme de la maison préparait son cidre, connu pour être excellent. Les barriques étaient déposées au sous-sol, à la suite de manœuvres délicates. Pour les descendre, il fallait ouvrir la trappe, sur le palier du rez-de-chaussée, à la base de l'escalier, entre la cuisine et le magasin. Les pommes à fruits étaient cueillies dans les arbres à l'aide d'une perche et conservées précieusement dans le grenier, pendant une bonne partie de l'hiver. Cette récolte représentait un autre moment de bonheur.

Toutes ces occupations lui laissaient peu de répit, ce qui ne l'avait pas empêché de diversifier le commerce des chapeaux avec la vente du linge de maison. Au-dessus de la vitrine, on pouvait lire : « Chapellerie en tous genres. Tissus. Joseph Rocher. »

Les contraintes professionnelles ne le détournaient pas des responsabilités familiales, auxquelles il accordait beaucoup d'importance. Joseph se remettait difficilement du décès de sa première épouse, Reine Bellamy, et supportait mal la solitude, surtout à un moment où il devait assumer l'éducation de sa fille de 6 ans. Celle-ci ressentait un lourd manque affectif. À juste raison, le papa considérait qu'elle ne devait pas en souffrir et qu'il devait tout faire pour qu'elle ne subisse pas les conséquences des vicissitudes récentes. Mais la maman manquait beaucoup à Reine, même si lui, tout en étant conscient de ses limites, essayait d'être proche et de la consoler. À 41 ans, en pleine force de l'âge, il décida donc de reconstruire, sans tarder, un foyer.

La rencontre avec Marguerite, deux années plus tard, apporta la réponse. Le veuf ne prêta pas attention aux esprits chagrins du village qui regrettaient que cela arrivât un peu tôt. Marguerite, née en 1897, originaire de Bains, était revenue au pays, après avoir vécu son enfance à Paris. Ses parents étaient « montés » à la capitale où Jeanne, la maman, tenait une loge de concierge. Almire Morin, le père de Marguerite, travaillait dans une banque tout en éprouvant ses talents de chantre à Notre-Dame.

De retour à La Gacilly pour la retraite, Almire s'était fait connaître en animant les messes du dimanche. Les paroissiens appréciaient sa voix forte et tous, à la sortie de l'office, commentaient davantage ses prestations que les sermons du curé.

Dans les environs, la rumeur laissait entendre que Marguerite portait de son côté un tendre regard sur un jeune homme du pays qui s'intéressait aussi à elle. On pensait même qu'ils allaient se marier, mais les deux familles n'étant pas « du même monde », le projet ne put aboutir. C'est ainsi que Joseph devint l'élu de ce cœur disponible.

À Paris, Marguerite avait exercé comme couturière, une qualité appréciable pour seconder Joseph au magasin. À 21 ans, elle possédait un tempérament tendre, calme et affectueux. De constitution solide, cette belle femme rassurait et apportait la stabilité au cercle familial.

Le couple vivait ainsi en harmonie, dans l'attente d'un heureux événement ! Leur vœu fut exaucé, mais éphémère. Six mois après la naissance, Adrien rejoignit dans l'au-delà les autres enfants du premier mariage. Joseph se consola dans le recueillement et s'en remit à la force de l'espérance. Le ciel lui rendit grâces. Peu de temps après la perte du bébé, Marguerite lui dévoila une nouvelle grossesse.

Le 7 avril 1930 naquit un garçon. Le garçon que Joseph avait tant souhaité. Et qu'il accepta de prénommer Yves, et non Joseph, selon le désir de Marguerite.

*

* *

Délicate période que celle des années 1930. Le monde est chahuté par la Grande Dépression de 1929 et inquiet par la montée du fascisme.

Rue Saint-Vincent, la famille Rocher reste indifférente à ces graves turbulences. Leur attention se concentre exclusivement sur l'accompagnement du nouveau-né. On imagine les regards admiratifs de Marguerite et Joseph, penchés sur le berceau. Reine, sa sœur âgée de 10 ans, lui adresse de larges sourires et l'embrasse tendrement. Grands-parents, cousins, amis, s'extasient sur les beaux yeux bleus du bébé. Les plus anciens affirment que les premiers mois les nouveau-nés ont tous cette couleur et que, comme les cheveux blonds, ça change en grandissant.

Qui parle de grandir ? La joie est trop prégnante pour évoquer le futur. La famille jouit pleinement et au présent de ce don du ciel.

Joseph croit au Bon Dieu, pas à l'astrologie. Mais le voisin Georges affirme s'y connaître et aime montrer sa science : « Ton fils est du signe du Bélier. C'est un bon signe qui, symboliquement, représente les forces réanimatrices de la nature. Les Béliers possèdent une force printanière qui permet aux plantes de soulever la terre pour aller vers le soleil. »

Joseph ne s'arrête pas à ce genre de considérations, pourtant prémonitoires pour l'avenir de son garçon.

Georges insiste : « En tous les cas, je peux t'affirmer qu'ils ont une grande confiance en eux et qu'ils vont au bout de leurs projets même s'ils doivent bousculer les autres. Ils réagissent au quart de tour et s'engagent ardemment sur le sentier de la vie comme sur un immense champ de bataille. Je le sais, ma femme est Bélier... »

Pour l'instant, le sentier de la vie se résume à l'allaitement à heures régulières, au sommeil et au changement des couches. Les parents guettent chaque fait et geste, s'inquiètent du moindre éternuement ou du plus petit pleur.

De ces premières années, les souvenirs restent ceux de l'éveil, comme pour tous les bébés de la terre. Yves est entouré, choyé, protégé. Sa grande sœur le câline avec l'instinct maternel. Tout se passe si naturellement et sereinement qu'on remarque à peine la croissance de l'enfant qui commence à jouer avec les copains et les copines du quartier.

La rue Saint-Vincent est commerçante. Proche de la chapellerie, sont installés la boulangerie Collet, la bijouterie Berthaux, qui vend aussi des vélos, un café, une boucherie... L'épicerie Huchet touche la maison Rocher.

Tout ce petit monde se connaît et s'apprécie. Chaque soir, en été, les chaises sont disposées sur la chaussée et les parents refont le monde, tandis que la jeunesse s'ébat. Jusqu'à la tombée de la nuit, les enfants courent, chantent et jouent. Yves se joint à eux, sous le regard vigilant de ses parents qui lui interdisent de s'éloigner du domicile. Lui-même ne recherche pas trop les jeux collectifs ou sportifs. Il préfère s'amuser avec les trois enfants du boulanger Collet qui viennent souvent à la maison : Jean, Marie-Hélène et Paulette. À eux quatre, ils constituent une sympathique petite bande. Christiane Huchet, la fille de l'épicier, plus jeune d'une année, est aussi l'une de ses meilleures copines.

Aujourd'hui, soixante-dix ans après cette jeunesse lointaine, Marie-Hélène et Paulette parlent souvent entre elles de ces temps joyeux :

« Oh, avec nous il était gai et déluré, le jeune Yves. Même souvent farceur. Qu'est-ce qu'on a bien ri ensemble ! Les gens sont toujours surpris de nous entendre dire cela, souligne Marie-Hélène.

— Mais c'était déjà quelqu'un. Il avait toujours des idées, voulait toucher à tout, ajoute Paulette.

— Oui, quand on pense qu'il aimait faire la cuisine. Un jour, il a décidé de nous faire des choux à la crème.

— Il nous surprenait toujours.

— Pour lui, nous étions des copines, mais il voulait sans cesse commander et n'était pas beau joueur. À la bataille, il voulait gagner ! Pour éviter les disputes, je préférais me retirer et partir m'asseoir sur les marches de l'escalier, en attendant que ça se passe.

— Sûr qu'il était gâté !

— Il avait un joli Meccano. Une fois, il a mis le feu au moteur. Heureusement, sa maman s'est précipitée pour l'éteindre avec une descente de lit. Elle était très en colère. Je crois même qu'il a reçu une claque et elle m'a dit : "Maintenant, va chez ta mère."

— Avec notre frère Jean, il s'entendait très bien. Vers l'âge de 10 ans, ils se payaient de belles parties dans la cuisine. La pauvre grand-mère n'était pas toujours à la fête. Tu te souviens des combats de boxe ? Ses parents lui avaient offert une paire de gants. Jean et Yves en prenaient chacun un et s'affrontaient comme sur un ring. Ils installaient la grand-mère au milieu sur un tabouret et lui demandaient de remplir le rôle d'arbitre.

— Oui, c'est vrai, il était toujours en train de taquiner la maman de Marguerite.

— Il ne quittait jamais sa grande sœur Reine qu'il adorait.

— En tous les cas, nous ne pouvions pas deviner à ce moment-là ce qu'il deviendrait. Mais il était un éternel curieux et, pour nous tous, ce gars-là devait réussir.

— Ah ! dès qu'il est question de lui, on ne sait plus s'arrêter », remarquent les deux femmes.

Une autre copine d'enfance, Christiane Huchet, se montre aussi prolixe en évoquant ces années de la rue Saint-Vincent : « Nous vivions comme frère et sœur. Nos maisons étaient collées l'une à l'autre et nous passions souvent ensemble les jours de congé ou de vacances. Je préférais aller chez lui, car c'était mieux chauffé. Yves venait souvent me chercher. Quand je le voyais approcher avec son air coquin, en disant d'une certaine manière, avec l'index pointé, "Tu viens", je me doutais qu'il voulait monter une farce. Nous en passions des heures à jouer aux petits chevaux ou aux noms de métiers... Le samedi, après le marché, c'était la course au crottin de cheval ! Sur le chemin du retour, les charrettes attelées descendaient la rue Saint-Vincent. On se précipitait pour ramasser les excréments qui servaient à enrichir les terres des jardins. La concurrence entre nous était sans merci, car nous étions récompensés par les parents. »

Parfois, Yves entraînait Christiane dans des aventures qui pouvaient mal se conclure : « Tu viens, on va aller voir les Sénégalais, me dit-il un jour. C'était en 1939. Des troupes de Coëtquidan rejoignant Redon s'étaient arrêtées à La Gacilly. À l'heure du déjeuner, ils avaient installé un campement sur lequel ils grillaient des cacahuètes. Yves s'était mis en tête d'aller les rejoindre pour récupérer une poignée. Imaginez la réaction de son père qui, après nous avoir recherchés, réussissait enfin à nous retrouver en compagnie des soldats... »

En 1941, la farce aurait pu avoir des conséquences plus graves : « Les Allemands fréquentaient nos deux magasins. Chez les Rocher, ils venaient surtout acheter des bas de soie ou autres articles féminins destinés à leurs belles. Nous étions patriotes dans l'âme et leur présence nous irritait. Une fois, Yves m'appela et m'obligea à le suivre dans le grenier pour récupérer le drapeau tricolore, avant de redescendre l'escalier en chantant *La Marseillaise* à tue-tête. Joseph était furieux… »

Louis Perrigue, plus âgé de deux ans, a aussi partagé avec Yves ses jeux d'enfance. Il vit maintenant dans la maison qu'habitaient les grands-parents Morin à leur retour de Paris. Ils louaient à La Bouère une petite maison qui, à l'époque, se limitait à une cuisine et une pièce au premier étage. Louis habitait juste à côté, dans une ferme : « Yves venait à La Bouère le jeudi, jour de congé scolaire. Marguerite, sa maman, pouvait ainsi rester plus disponible pour s'occuper du magasin. Dès son arrivée, il grimpait sur le mur de notre ferme et m'appelait. On commençait souvent par partager une banane qu'il était allé acheter chez Plantard, au champ de foire, avec les sous de sa grand-mère. Puis nous jouions un bon bout de temps aux billes. Pas très costaud, plutôt d'un tempérament solitaire, couvé par les grands-parents, mon camarade n'était pas du genre à vadrouiller en bande. Mais on ne s'ennuyait jamais. Il avait toujours une idée qui lui trottait dans la tête. Parfois même, je trouvais qu'il était un peu illuminé. Il voulait sans cesse inventer quelque chose… Nous nous sommes séparés vers l'âge de 10 ans, quand je suis parti pensionnaire au petit séminaire de Ploërmel. Puis nous nous sommes alors perdus de vue. Une soixantaine d'années plus tard, Yves est revenu ici, sur les traces de son enfance. Il voulait revoir la maison. En arrivant, il m'a demandé de lui montrer la chambre de ses grands-parents, et la première chose qu'il a recherchée, en ouvrant la porte, c'est le bouton électrique. Il a appuyé dessus deux ou trois fois en écoutant le clic-clic symptomatique de l'époque. Il s'est tourné vers moi et m'a dit : “Je le retrouve comme il était avant. Surtout, ne le change jamais…” »

Yves Rocher le visionnaire vivait avec son passé !

CHAPITRE 4

L'ENFANCE

La petite école diocésaine, Saint-Jugon de La Gacilly, accueille les garçons répartis dans deux classes en plusieurs divisions.

C'est l'époque où la société française est agitée par les réformes du Front populaire et tiraillée par les prémices d'une deuxième guerre mondiale. Les adultes veulent protéger l'enfance innocente de toutes les turbulences passées et à venir.

Dans la cour de récréation, sous le regard amusé des maîtres, affublés de leur légendaire blouse grise, les écoliers jouent à cache-cache, à chat perché, au béret...

Au son de la cloche, les élèves se placent en silence, en bon ordre et sans bousculade, devant leur porte. Chacun rejoint sa place, ouvre livres et cahiers, en craignant d'être interrogé sur la leçon du jour. Le temps s'écoule, plus vite que l'appréhension. Et, au signal de l'instituteur, quand l'heure est venue, la liberté est rendue à cette petite troupe qui se précipite vers la sortie. Quelques chenapans partent en courant pour aller tirer des sonnettes... Qui oserait leur reprocher cette belle insouciance ?

Yves Rocher, d'un tempérament réservé, entretient d'excellentes relations avec ses petits camarades, même s'il joue rarement avec eux. Il préfère rester seul pour s'abandonner à ses pensées et rêver aux escapades dans la forêt avec son père, à la découverte des fleurs sauvages qu'il ne se lasse pas d'observer. À choisir entre les sorties dans la nature et les bancs de la classe, la réponse semble évidente, même si son père ne cesse de lui répéter que l'école joue un rôle essentiel dans la transmission des savoirs fondamentaux. Ne conditionne-t-elle pas aussi son avenir ? Yves ne se rebelle jamais et ne conteste pas. Mais, pour les activités d'éveil, il reste persuadé qu'on apprend davantage à la maison ou dans les bois que face au tableau noir.

En se promenant dans le quartier de l'école Saint-Jugon, Joseph décide un jour de surprendre son fils en l'attendant à la sortie des cours. Seul homme parmi toutes les mamans qui papotent, il aperçoit soudain le directeur qui s'avance vers lui : « Monsieur Rocher, avez-vous un moment ? Il faut que je vous voie. »

D'un petit signe, l'abbé Blanchard lui demande de le suivre pour l'écarter du groupe de parents et l'entretenir en toute discrétion. Joseph n'est pas trop inquiet, bien qu'il s'interroge sur les intentions de l'enseignant. Qu'a-t-il de si important à lui dire ?

« Voilà, je désire vous parler d'Yves. Vous savez qu'avec un an d'avance il est en tête de classe. Il lit très bien et possède une excellente diction. C'est pour cela d'ailleurs qu'on l'a choisi pour prononcer le discours d'accueil à l'évêque venu à Saint-Jugon pour la cérémonie de confirmation. Je souhaite maintenant l'inscrire au certificat d'études. Seriez-vous d'accord ? »

Évidemment, Joseph n'a pas l'intention de s'opposer à une telle proposition et accepte aussitôt. À juste raison d'ailleurs, car quelques mois plus tard le jeune candidat de La Gacilly décroche la première place du canton.

Joseph, qui ne supporte pas les gens prétentieux, n'en tire aucune vanité et veille au comportement de son garçon, en lui répétant sans cesse que l'orgueil est un vilain défaut. Sans le lui avouer, Yves voit dans ce père l'ami et le confident. Lui seul le comprend et sait se montrer attentif à ses passions. Avec lui, il assouvit sa curiosité et s'instruit sans cesse de leçons de choses, plus claires que dans les meilleures écoles du monde.

Dick est l'autre compagnon qui tient une place importante dans son existence. Ce petit chien noir et feu, de race indéterminée, ne le quitte jamais. Leur complicité se lit dans leurs regards. Dans les moments de tristesse, de découragement, ou quand il se fait disputer par les parents, Yves se réfugie auprès de lui durant de longs moments. Il le caresse, lui parle, et Dick compatit.

L'animal connaît chacune des habitudes de son maître. D'où qu'il se trouve, le toutou rejoint systématiquement la cuisine à 16 heures. Pour rien au monde, l'animal ne manquerait les rendez-vous du goûter, pain et chocolat, préparé par Marguerite. Même rituel, à midi tapant, Dick se glisse sous la chaise du jeune garçon qui déguste souvent une galette, son plat préféré. Discrètement, l'enfant lui tend un morceau que le coquin s'empresse d'avaler.

À chaque instant de la journée, Yves provoque son compagnon de jeux, qui accepte tout de lui, sans jamais grogner. Contre son gré, Dick se retrouve parfois affublé d'un chapeau. L'enfant rit aux éclats de ses farces affectueuses et épie chacune de ses réactions. Contre toute attente, le jeune maître a même réussi à lui imposer la compagnie d'une chatte avec laquelle le toutou s'entend à merveille.

Tous deux, le garçon et le chien, grandissent ensemble. À un an près, ils ont le même âge. Apparent du moins car, à chaque anniversaire, Joseph rappelle que l'écart entre les deux amis se creuse sept fois plus vite pour Dick.

Le chef de famille apprécie cette complicité. Selon lui, l'éducation d'un animal contribue à l'apprentissage de la vie, cultive la tolérance, initie à la patience, favorise le sens du partage et suscite la compassion dans les moments difficiles. Yves développe en plus, auprès de l'animal, son tempérament protecteur. Le dimanche, ou les jours de vacances, Dick veut être associé aux promenades. Il multiplie les bonds en direction de la porte, jappe, et la queue frétille. Ils se veulent inséparables, ces deux amis !

À la fraîche, le matin ou le soir, du printemps à l'hiver, les deux « hommes » de la maison se lancent parfois sur les sentiers en sous-bois pour partager une passion commune dédiée à Dame Nature. Joseph ne soupçonne certainement pas à cette époque que ces sorties éducatives et bucoliques détermineront le destin du futur homme providence de La Gacilly. De lieux d'évasion et de découverte, le pays regorge. Mais les endroits de prédilection se nomment La Planchette, le dolmen à Cournon ou encore Saint-Jugon. Autant de paysages aux couleurs changeantes et de contrées aux senteurs naturelles et parfumées.

« Quel lieu magique pour jouer les explorateurs quand on a l'âge de l'enfant », écrira plus tard Yves Rocher. Dans un hymne à la beauté, il ajoutera : « Ce village, à mes yeux, a un rare mérite : il est le mien. C'est dans son terreau que j'ai mes racines et c'est sous son pan de ciel, au rythme des saisons, que j'ai appris peu à peu ce que je sais. »

Ensemble, Joseph et Yves s'imprègnent de cet univers splendide et sans artifices. Celui-ci se livre généreusement à l'homme qui, en retour, hélas, l'affuble trop souvent de rides ou de blessures irréparables. En contemplant l'or étincelant des genêts, le mauve suave des bruyères, le vert flottant des fougères, les deux défricheurs se courbent avec respect vers cette végétation qui donne un éclat à la vie.

Yves se déplace délicatement au milieu des ajoncs, plonge ses mains vers les pousses sans se préoccuper des épines des arbustes et pose des questions pertinentes à son père. Il s'arrête sur les espèces inconnues en exhalant sa joie. Loupe dans une main, petit manuel de botanique dans l'autre, Joseph explique, décrit, prend des notes. Le plaisir absolu survient quand les deux promeneurs cueillent un spécimen pour le ramener à la maison.

Il n'existe pas de dimanche sans partie de pêche à La Planchette. Après le déjeuner, les familles Rocher et Huchet se regroupent devant la chapellerie avant de rejoindre à pied le bout du pont. Elles suivent ensuite le chemin de halage en dépassant les deux premières baignades. À un kilomètre environ, elles s'arrêtent sur cet espace dédié et quasiment réservé.

Là, le cérémonial se répète chaque semaine. Avant le lancer des lignes, Yves et Daniel Huchet ouvrent la chasse à la sauterelle à travers champs, ou aux vers devant le cimetière. S'ils reviennent bredouilles, la boucherie Debray les dépanne en leur offrant des asticots.

Tandis que les femmes et les filles s'adonnent à la couture en papotant sur les histoires du village, les hommes et les garçons taquinent les boers, dénommés aussi perches dorées ou perches arc-en-ciel, qui assureront la friture du soir.

Toute sa vie, Yves Rocher évoquera avec une certaine sublimation ces promenades au bord de l'Aff, pourtant empreintes d'une grande simplicité. Jeune, il les aimait. Plus tard, il les mythifiait. Comme un esthète qui puise son inspiration en revenant sans cesse à la source.

*

* *

Un soir de l'été 1941, au retour d'une balade en forêt, Joseph entreprend Yves au sujet de son avenir : « Il faut que je te parle de la rentrée. À 11 ans, tu as obtenu ton certificat d'études, c'est très bien. Maintenant, on doit prévoir la suite. J'ai donc décidé de t'inscrire à Saint-Sauveur de Redon. »

Les magnifiques yeux bleus du garçon s'assombrissent, le regard devient dur et fixe. Le père connaît cette attitude significative de la contrariété et ne se montre pas surpris de sa réaction :

« C'est obligé ?

— Bien sûr, si tu veux exercer plus tard un métier qui te plaise.

— Mais pourquoi Saint-Sauveur ? Louis Perrigue a choisi Ploërmel.

— À Ploërmel, c'est un séminaire. Saint-Sauveur, je connais : j'y suis allé. J'en garde un bon souvenir. Ce collège de belle renommée a en plus l'avantage de se situer à une quinzaine de kilomètres de La Gacilly.

— Et pourquoi je ne resterais pas à la maison ? Je pourrais aussi apprendre avec toi.

— Tu n'y penses pas. Mon travail ne me laisse pas de temps libre et, crois-moi, si tu veux réussir, il n'existe pas d'autre solution.

— Alors je serai pensionnaire ?

— Évidemment ! »

Yves comprend qu'il devient inutile d'insister. Sur le chemin de la maison, l'enfant se renferme et ne prononce plus un mot. Retiré dans sa chambre avant le dîner, en compagnie de Dick, toujours près de lui quand il est malheureux, le futur collégien pense aux confidences des camarades. Ils ont certainement exagéré, mais tous ont insisté sur la discipline rigoureuse du « bahut », qu'ils n'hésitaient pas à comparer à une prison ! Pas étonnant si la perspective de l'internat ne le réjouit guère.

Depuis plusieurs semaines, le garçon pressentait ce bouleversement, mais préférait éluder la question pour ne pas casser, avant l'heure, le plaisir de vivre chez lui. Ici, au 2 de la rue Saint-Vincent, l'univers familial offre un environnement chaleureux et sécurisant. Les journées, bien occupées, commencent tôt, par une présence à l'église pour servir la messe. Quand il n'y a pas école ou sortie en forêt, Yves consacre une bonne partie de la matinée à jouer au Meccano dans sa chambre ou dans la salle du rez-de-chaussée, sous le regard attendrissant de Dick. À midi, parents et enfants mangent ensemble. Un moment privilégié pour le chef de famille qui considère que c'est à table que se transmet la bonne éducation. D'ailleurs, pas question d'arriver avec une minute de retard. Le chef de famille ne supporte pas. La ponctualité et le respect porté aux autres constituent les règles de base du savoir-vivre. L'après-midi, entrecoupé par le goûter de 16 heures, passe vite, souvent à jouer avec les petits voisins. Après le dîner en famille, au cours duquel il est souvent question des ventes de la journée, arrive le moment du coucher et, bien sûr, de la prière du soir.

Le jeudi, jour de congé scolaire, l'enfant accompagne son père dans les visites aux malades. Pour Joseph, cette action altruiste est la meilleure illustration du sens des valeurs qu'il souhaite inculquer à son enfant. Yves en restera imprégné toute sa vie et voudra à son tour transmettre plus tard l'exigence de l'attention portée aux autres. C'est dans cet état d'esprit que Joseph Rocher avait accepté dans le passé de prendre la tête des Cœurs vaillants où il encourageait les jeunes à développer les initiatives de solidarité.

Cœurs vaillants remontait à l'année 1927. Le mouvement, créé par l'abbé Gaston Courtois qui s'inspirait du scoutisme, s'était développé dans les paroisses et les patronages. La devise « À Cœurs vaillants, rien d'impossible » défendait trois préceptes : la joie, la vaillance, la charité. Les membres portaient un uniforme – béret, foulard, blouson – et leur insigne représentait une croix de Saint-Maurice surmontée d'un cœur.

À l'âge autorisé, Yves accepte volontiers de suivre les traces de son père. À la section locale, il se fait vite remarquer et passe chef de groupe. La place de meneur lui convient parfaitement. Très à l'aise en équipe, le jeune Rocher apprécie les activités qui développent le sens des responsabilités. Il prend aussi beaucoup de plaisir à gambader sac au dos en pleine nature ou à accomplir des missions d'aides aux plus démunis.

Reine est fière de voir son petit frère prendre ces orientations bienfaisantes. Malgré la différence d'âge, ils sont liés l'un à l'autre. Elle aimerait l'accompagner plus souvent, partager davantage de moments de loisir, mais son travail de modiste au magasin et ses propres engagements ne la rendent pas très disponible. Les moments libres sont surtout consacrés aux œuvres ou à la vie associative.

La jeune fille est membre de la Jeunesse agricole chrétienne et présidente des Bruyères d'Arvor, un mouvement d'assistance aux adolescentes. Le 11 septembre 1939, au moment de son adhésion dans cet organisme, elle a écrit : « Que toute responsabilité ne soit pas pour moi signe de prestige, ni d'orgueil, mais de service envers les autres. Avec Toi, Marie, je saurai prendre toutes les initiatives que tu voudras. » Yves, profondément marqué par cette promesse, la répétera sans cesse à sa filleule Édith Derroisné : « C'était le plus beau témoignage qu'il pouvait me transmettre. Je n'avais pas connu ma maman mais il m'en donnait ainsi une belle image »

Quand il n'est pas à l'école ou dans la forêt avec les Cœurs vaillants, Yves s'isole souvent au premier étage, au-dessus du magasin, dans une grande pièce, coupée par une cloison. L'espace est divisé pour permettre à Reine de disposer de sa chambre.

On accède à l'univers du jeune homme en empruntant un escalier très étroit, peint en gris souris avec des dessins de chardons verts. Dans un cadre assez froid, le mobilier passe inaperçu. À la droite du lit, un chevet Louis-Philippe sur lequel est placé un christ. Collée à la fenêtre qui donne sur la boulangerie et la boucherie, une petite table sur laquelle l'enfant laisse courir son imagination. C'est là que jailliront plus tard toutes ses idées. Dans cette pièce, Yves s'épanouit. Il y niche ses secrets : des boîtes à chaussures ou à chapeaux dans lesquelles il enferme, le temps d'une observation ou d'une expérience, des insectes ou des papillons. Passionné de plantes, le jeune chercheur l'est tout autant de la faune. Parfois, Marguerite découvre sous le lit, ou en d'autres endroits cachés, des bestioles, ce qui a le don de la mettre en colère. Un jour, elle a même failli s'évanouir en apercevant dans les draps… un orvet ! Seulement un oubli de sa part car, en général, l'enfant veille à ne jamais garder longtemps ses « invités » chez lui et s'arrange toujours à leur rendre la liberté dès qu'il estime avoir recueilli les réponses aux mystères qu'il veut élucider. Cette chambre, c'est déjà un peu son labo. Mais Yves ne reste pas en place. Toujours suivi de Dick, il passe d'un endroit à l'autre.

C'est dans la salle de séjour, au rez-de-chaussée à gauche en entrant, que le garçon passe la plus grande partie de son temps, en dehors de son repaire. Trois générations Rocher s'y sont succédé. Autour de la grande table Henri II, les ancêtres ont dû en évoquer des événements familiaux, heureux et tristes ! Les jours de fête, les souvenirs nourrissent les conversations et Yves se montre toujours curieux des anecdotes du passé. Il en demande et en redemande.

C'est ici, sur ce chemin de table qui ne livre pas tous ses secrets, que s'écrit l'histoire des générations. C'est le lieu de vie auquel l'enfant est le plus attaché. Il mesure environ une trentaine de mètres carrés, répartis en deux espaces éclairés par une fenêtre à petits carreaux. Au fond, le coin cuisine avec l'indispensable : un lavabo, une table, un meuble d'une rusticité modeste, peint en blanc comme le reste. Pour un domicile de cette époque de l'entre-deux-guerres, le confort existe, à l'exception de l'eau courante que l'on doit encore aller chercher à la pompe municipale.

Posé contre le mur, un buffet Henri II présente quelques assiettes de collection. En face, une TSF complète l'agencement. Dans l'angle, un cadre accroché au mur évoque la mémoire d'Adrien, le frère de Marguerite : « Hommage de la Nation à Adrien Morin mort pour la France le 27 octobre 1918 ». Au-dessus de la porte, un dessin sous verre représente deux bœufs harnachés. Il est signé Joseph Rocher et daté de juin 1904. Son fils y sera tellement attaché qu'il le fera plus tard dupliquer à plusieurs exemplaires pour l'offrir à toute la famille.

La chambre des parents, située au-dessus de la salle à manger, est séparée du cabinet de toilette par une cloison. L'aménagement reste toujours aussi simple, avec juste l'essentiel : un grand lit, une cheminée, une commode.

À aucun prix Yves ne changerait d'univers. La maison est ce « petit coin du monde », douillé, protecteur, qui vit et respire. Le modeste logis ouvre ses volets à la modernité des années 50, offrant ainsi à la bougeoisie locale un confort utilitaire, regardé et envié des ménages ruraux.

Mais la date de la rentrée au collège Saint-Sauveur approche et l'enfant va devoir s'arracher de ce nid qui réchauffe le cœur. Son comportement change. Le visage renfrogné, il compte maintenant les jours avec morosité, tout en étant résigné.

À 11 ans, lui, le pensionnaire des champs et des forêts ressent mal l'idée de l'internat. Il veut vivre comme les papillons qu'il rend à la nature après les avoir admirés. Vivre libre et voler de ses propres ailes…

*
* *

« Est-ce que tout est prêt ? Tu n'as rien oublié pour demain ? » demande Joseph en se tournant vers son fils.

Marguerite répond à sa place :

« Oui, la valise est terminée et j'ai vérifié si tout y était, comme l'indique la liste envoyée par la direction.

— Très bien. Nous partirons vers 16 heures, pour l'accueil des pensionnaires. »

Yves, silencieux, fixe son assiette.

« Tu sais que l'entrée en sixième est pour toi une étape importante. Tu joues ton avenir. »

Comme le garçon ne réagit pas, Joseph insiste : « Tu verras, c'est un excellent collège. Mais chez les eudistes, on ne plaisante pas. Ils imposent une discipline stricte. À Saint-Sauveur, on ne croit pas à l'éducation sans règles, ni au travail sans effort. »

L'ancien élève qu'il fut parle des eudistes comme s'ils étaient toujours présents, alors qu'en 1905 les ecclésiastiques ont été remplacés par une équipe de l'Immaculée Conception de Saint-Méen, dirigée par un supérieur diocésain. Au cours de la délicate période des luttes sur la laïcité, l'établissement s'était singularisé. Il avait été dénoncé par un préfet qui avait déclaré en 1903 : « Saint-Sauveur se positionne comme le centre d'un foyer de propagande antirépublicain. »

Joseph reprend son exposé : « Avant d'entrer, il faut que tu saches qui était Jean Eudes. Le saint naquit le 14 novembre 1601, dans un petit village de l'Orne, à Ri, près d'Argentan. On dit que son père Isaac fut le seul membre de la famille à réchapper de la peste qui ravagea la Normandie en 1587. À 14 ans, Jean Eudes fut envoyé chez les jésuites à Caen, mais, lui, préféra devenir oratorien pour fonder sa congrégation en 1643. Toute sa vie a été consacrée à la prière, mais surtout à l'aide du prochain. Dans les grandes villes, le missionnaire a créé ou restauré des maisons de refuge pour les pauvres et les infirmes. Attentif aux misères corporelles, il n'avait pas seulement le souci des âmes. Tu verras qu'on te parlera souvent de ce personnage extraordinaire. »

Yves écoute sans poser de questions. Il a d'autres préoccupations. Comment va-t-il s'adapter à ses nouvelles conditions de vie ? Aura-t-il la chance de retrouver là-bas des copains de La Gacilly ?

En approchant des bâtiments majestueux, le futur pensionnaire est impressionné. Son père lui décrit les lieux, en évoquant au passage quelques souvenirs personnels : « Les eudistes se sont installés ici en 1839, dans cette ancienne abbaye bénédictine. Elle a été achetée en 1936 par le père Louis de la Morinière. Il y avait, à l'époque, quatre bâtiments disposés autour d'un magnifique cloître roman du XVIIe siècle. Les eudistes ont ajouté, deux siècles plus tard, trois autres édifices et une grande cour. Tu vas aussi découvrir la splendide chapelle avec son mobilier du XIXe, où j'ai pu assister à d'émouvantes cérémonies liturgiques. »

L'impétrant fait semblant d'être intéressé. Joseph n'est pas dupe et voit bien que son garçon reste dubitatif. Il faut admettre que cette rentrée scolaire de septembre 1941 se situe dans un contexte particulier. Le pays est en guerre et il souffre. Les restrictions se généralisent : chauffage réduit voire inexistant, repas allégés, ambiance en berne... Raison de plus pour appréhender l'internat. Le nouveau pensionnaire sait qu'il devra se satisfaire d'une vie rude et sans confort. Si seulement il pouvait reconnaître dans l'assistance des têtes connues ! Au moins, il serait un peu plus rassuré...

Non, ce « Cœur vaillant », à qui rien n'est impossible, n'a vraiment pas la grande forme. Sous le préau, des élèves expriment la joie de se retrouver. Lui aurait plutôt envie de pleurer. Il vit ce premier jour comme un déchirement.

Gaston Renaud, plus âgé que lui de six mois, l'aperçoit de loin et accourt vers lui. « Enfin ! » se dit Yves, qui s'écarte de son père pour nouer le contact. Les deux jeunes se sont connus un an auparavant au certificat d'études. Gaston, élève à l'école publique de Cournon, portait le numéro 52 et Yves le 53. L'ordre alphabétique les avait placés côte à côte : « À l'époque, se souvient Gaston Renaud, les résultats étaient communiqués immédiatement après les épreuves. Nous étions reçus. Pour fêter le succès, la maman d'Yves nous avait ramenés chez elle pour goûter et nous avait préparé une excellente tartine de confiture avec un chocolat chaud. Ce jour-là, nous sommes devenus copains et nous ne nous sommes plus jamais quittés pendant... soixante-huit ans ! Tout cela, grâce à un seul chiffre. J'aurais eu le 51 au lieu du 52, nous n'aurions pas été installés à la même table et sans doute nous n'aurions pas partagé cette destinée exceptionnelle. »

Les parents s'étaient déjà rencontrés, mais ne se fréquentaient pas. Gaston était allé un jour à la chapellerie avec sa maman pour acheter un calot militaire spécialement confectionné par Reine. Il en était fier et cet achat peu ordinaire avait été pour lui la première occasion de connaître la famille Rocher.

« Viens avec moi, je vais te présenter les copains », lui dit Gaston.

L'ancien se redresse. Quant au bizut, il compte sur lui pour l'aider à trouver ses repères. Yves ne pouvait pas mieux espérer. Gaston, en classe de cinquième, est chef de division et prend son rôle au sérieux même s'il se limite au courrier, à la tenue des clés et à d'autres petites tâches d'entretien du quotidien. La responsabilité qui lui tient à cœur est, précisément, l'accompagnement des arrivants. Pour son complice du certificat d'études, il redouble d'attention : « Ne t'inquiète pas. Tout va bien se passer. Je t'ai même réservé une place à côté de moi à mon bureau, en classe d'études... »

Il faut peu de temps au nouveau de La Gacilly pour prendre ses marques. Les anciens l'adoptent, grâce à Gaston, mais notent assez vite son caractère décidé, son esprit vif et bouillonnant. Entre eux, ils regrettent quand même le côté trop sérieux et peu bavard de ce « sixième », même si parfois, au dortoir, il lui arrive de s'associer au chahut et d'organiser des farces.

Heureusement que son ami Gaston est là pour l'aider à tenir le coup. La solidarité des deux compères se manifeste en toutes circonstances. Elle restera toujours sans faille. D'ailleurs, Gaston Renaud dira plus tard, après le décès : « Nous étions comme deux frères d'armes. Ces sentiments-là sont encore plus forts que ceux des frères de sang... »

Au collège, Yves manifeste un tempérament passionné pour ce qui l'intéresse. Il se montre intarissable en évoquant ses « découvertes » et les secrets de la nature. Mais il est aussi curieux de politique.

Très tôt, l'enfant avait été captivé par le Front populaire, l'affrontement des rouges et des blancs. Dans son village, avant la guerre, la population votait pour la gauche républicaine. Les débats locaux portaient surtout sur l'avenir de l'agriculture. Deux courants s'opposaient : le front paysan à droite et le Front populaire à gauche. Était-ce l'influence du père ? Yves avait choisi le premier camp.

Capable de citer les noms et les fonctions des ministres, ou d'analyser et de critiquer les prises de position, le jeune fils Rocher surprenait les adultes. Un jour, alors qu'il avait à peine 10 ans, son grand-père lui avait même prédit un grand avenir : « Plus tard, tu seras ministre... »

Mais, au collège, en cette triste époque du début des années 1940, les conversations tournent surtout autour de l'occupation allemande et des restrictions. À Saint-Sauveur, les conditions de vie sont là pour rappeler l'état d'exception. Elles deviennent de plus en plus rudes. Lever à 5 heures pour assister à la messe, petit déjeuner et repas allégés, coucher dans des dortoirs froids et humides...

Yves supporte de plus en plus mal. Le moral est atteint. Plus grave, une pneumonie l'immobilise. Le médecin, inquiet, exige le retour du patient à la maison. Souffreteux et exposé à de nombreuses rechutes, Yves doit souvent s'éloigner de la pension. La mission d'enseignement est alors fréquemment confiée à Joseph qui, sans l'avouer, l'assume avec un certain plaisir. Le père respecte le programme, assez chargé. L'algèbre, la géométrie, les déclinaisons latines, les poésies et les tragédies... remplissent largement le cahier de textes. Pour Yves, les sciences naturelles ont plutôt tendance à devenir une distraction !

Joseph constate avec plaisir que son fils jouit d'une mémoire exceptionnelle, malaxe les chiffres avec une facilité surprenante, assimile toutes les disciplines sans effort. Pour beaucoup d'enfants, les absences répétées du collège constitueraient un lourd handicap. Yves, au contraire, surmonte les épreuves avec une certaine aisance, comme s'il puisait dans la maladie courage et détermination. Et la chaleur du foyer familial contribue certainement au maintien de son équilibre.

C'est à cette époque que l'entourage remarque que ce jeune n'abandonne jamais ce qu'il entreprend et qu'il traduit en vitalité sa fragilité physique. Mûr avant l'âge, il rebondit en toutes circonstances grâce à sa ténacité. Il ne se décourage jamais. Sauf ce jour-là, de janvier 1944.

Il n'a alors que 14 ans, quand il est appelé au chevet de son père. En accompagnant cet être si cher dans ses derniers instants, Yves se sent très seul. Son chagrin devient insurmontable et sa force, impuissante. Pour la première fois, il doute. Ce doute atroce de ne pas pouvoir s'en remettre.

CHAPITRE 5

LE CHEF DE FAMILLE

Depuis plusieurs semaines, l'événement monopolise les conversations de la famille Rocher. Aux repas, elle en parle avec enthousiasme. Toutes les idées, même les plus originales, sont discutées et reçoivent un accueil chaleureux.

Le petit cercle du 2 de la rue Saint-Vincent attend ce moment avec une certaine excitation et les voisins du quartier, toujours curieux de ce qui se passe chez les autres, suivent discrètement la préparation de la fête.

À cette époque, peu de couples atteignent les cinquante années de vie commune. Joseph, Marguerite et les deux enfants ne veulent surtout pas faillir à l'organisation des noces d'or des grands-parents maternels.

Les Rocher préparent ce grand jour avec soin. Joseph a contacté le curé pour que, pendant la messe du dimanche, où Almire chante si bien, l'assistance prie à l'intention des époux Morin. Nombre de paroissiens les estiment et souhaitent eux aussi que Jeanne et Almire soient honorés comme il se doit.

Au fourneau depuis plusieurs jours, Marguerite, aidée de Reine, applique ses recettes préférées. Elle a averti les « hommes » de l'interdiction absolue de pénétrer dans la cuisine ! Comme toujours, dans ces années-là, le menu n'en finit pas. Yves se demande d'ailleurs comment sa maman arrive à faire défiler autant de plats de charcuterie, de volailles et de viandes. Et encore, elle se plaint de ne pas pouvoir réaliser tous ses projets. La vilaine guerre limite les choix.

Le dimanche, la salle de séjour a été agencée pour accueillir les convives avec le maximum de confort. Jeanne et Almire président la grande tablée. La belle vaisselle du buffet Henri II, joliment fleurie, étincelle. Cette journée promet le bonheur !

Joseph, discrètement, a pris sa part dans l'organisation des festivités. Il s'est occupé des boissons et a sorti de sa cave ses meilleures bouteilles de cidre, celles qu'il garde précieusement pour les grandes occasions. Mais le chef de famille ne se sent pas très en forme. Comme d'habitude, il ne fait aucune allusion à son état de fatigue. Pourquoi cette sensation de lassitude et de fièvre ? Une petite grippe peut-être ! Certainement rien de bien méchant.

Pourtant, dans la soirée, quand la fête est finie, il décide de se retirer et part s'allonger dans la chambre. Une bonne nuit, se dit-il, et tout ira mieux demain. C'était sans compter avec la ténacité du virus.

Joseph avait été gazé pendant la guerre de 1914 et en subissait des séquelles. Même s'il ne se plaignait jamais, il lui arrivait de souffrir de difficultés respiratoires. Un changement de temps, de la pluie ou du froid, et l'homme apparemment solide et droit sur ses jambes donnait des signes de faiblesse.

Cette fois, le mal paraît plus sérieux. Bien qu'habituée, Marguerite commence à s'inquiéter, mais évite d'alarmer Reine et Yves.

Joseph ne se lève pas le lendemain, ni les jours suivants. Dans le quartier, les voisins commencent à s'interroger. Lui, se veut rassurant : « Ne t'inquiète pas, ce n'est rien, répète-t-il à Marguerite. Juste un peu de repos et la forme va revenir. »

La fièvre, hélas, ne descend pas. L'épouse appelle le médecin.

« Alors, docteur, qu'en pensez-vous ?

— C'est critique, je crois. Il va falloir lui appliquer un traitement de choc.

— Vous pensez qu'il va s'en sortir ?

— Tout dépendra de sa réaction aux médicaments. Le problème, c'est qu'il va falloir les trouver. »

Marguerite comprend que le généraliste ne veut pas se prononcer. D'autant que, en ce mois de janvier 1944, les pharmaciens présentent des étagères vides et dénoncent un manque cruel d'antibiotiques.

Bouleversée mais déterminée, la maîtresse de maison cherche à se rassurer, consulte, sollicite les avis de toutes parts. Elle appelle Joseph Ricaud, le jeune cousin qui termine ses études de médecine. Celui-ci se montre alarmiste : « C'est grave. Il faut faire venir un spécialiste des poumons. »

Non sans difficulté en raison des conditions particulières des lendemains de guerre, Joseph Ricaud réussit à en trouver un.

Le praticien ausculte Joseph à domicile et sort de sa chambre, le regard sombre :

« Madame, je vous dois la vérité. Votre mari ne se remettra pas de sa pleurésie.

— Il en a encore pour combien de temps à vivre ?

— On ne peut jamais dire. Mais il est faible, très faible.

— Oui, et il souffre !

— Il va souffrir de plus en plus, je préfère vous prévenir. Il va falloir lui administrer des médicaments de type morphine pour le soulager, en espérant qu'on puisse en trouver... »

Voilà presque trois semaines que Joseph ne s'est pas levé du lit. Comme souvent, dans ce genre de situations désespérées, la médecine des âmes se substitue à celle des hommes. Dans des moments de lucidité, Joseph médite et prie. Les enfants implorent le ciel pour que leur père surmonte les atroces douleurs. Celles-ci sont si violentes que le malade ne parvient plus à étouffer ses cris. Yves est bouleversé.

Le fils unique restera longtemps choqué. Jusqu'à ses dernières années, il parlera souvent de l'agonie de son père au moine de Timadeuc Jean-Michel Attimont, un ami et confident : « C'était insupportable, je l'entendais crier de douleur et, pour tenir le coup, je fuyais de temps en temps dans la forêt, pour m'isoler. »

Le petit cercle familial a compris que le patriarche allait bientôt le quitter. Marguerite ne sort pas de la chambre, sauf pour accueillir les clients du magasin. Heureusement que Reine, très courageuse, est là pour la seconder.

La maman et les deux enfants prononcent les prières funèbres. Au milieu de la nuit, Joseph rend son dernier souffle. Yves et Reine sont réveillés par leur maman pour le dernier baiser.

La triste nouvelle se propage vite. Le quartier de la rue Saint-Vincent plonge dans le silence. Il paraît sombre et froid. Les voisins viennent se recueillir. Ils sont tous là, discrets, la tête baissée, quand le cercueil sort de la maison. L'escalier étant trop étroit, il faut le faire glisser par la fenêtre du premier étage en utilisant une échelle. Cette dernière image marque les imaginations des enfants qui assistent à la descente délicate du corps.

Reine et Yves, serrés l'un près de l'autre, méditent en suivant cette opération compliquée. Et disent un dernier au revoir à ce père qui les a tant aimés. À ce père qu'ils ont tant aimé.

*

* *

À quelques mois près, Joseph n'aura pas eu la joie de connaître la libération du sol français. Yves serait radieux s'il n'était pas chagriné par l'absence de celui qu'il admirait le plus au monde. Le voilà seul. Seul homme de la maison avec Marguerite, sa maman, qui surmonte l'épreuve, et Reine, sa grande sœur de 25 ans qui, à son âge, envisage de convoler.

La situation financière n'est pas brillante. Le pays sort exsangue de cette terrible guerre et le commerce tourne au ralenti. La maladie et le décès de Joseph ont perturbé la marche normale du magasin et occasionné des frais élevés. Les activités assumées par Joseph, le lin et les assurances, ne rapportent plus. Comment envisager l'avenir ?

Marguerite a repris sa place à la vente des tissus. À gauche de la pièce, elle présente les articles sur un grand comptoir. Reine, installée contre la fenêtre, coud à sa machine. C'est une conséquence de l'époque de pénurie : la mode du chapeau neuf faiblit. Les gens ont d'autres priorités, notamment le manger. Mais il reste heureusement les fidèles, ceux qui, malgré leurs faibles moyens, ne veulent jamais sortir sans une coiffe. Reine assure les réparations ou les transformations. Pour les traditionalistes qui veulent marquer les nouvelles saisons, il suffit d'un petit rien pour changer le modèle de l'année précédente : une plume en plus ou un motif différent, et le tour est joué.

Reine souffre du décès de son père, mais réagit sans le laisser paraître. Le travail l'absorbe beaucoup ainsi que toutes ses activités bénévoles et chrétiennes : l'aide et les soins portés aux malades, les Bruyères d'Arvor, la Jeunesse agricole chrétienne… Il se dit même que, pendant la guerre, elle avait pris des risques pour secourir des personnes en difficulté.

Beaucoup de Gaciliens apprécient cette jeune femme militante, charitable. Au cours des dernières années, Joseph ne l'exprimait jamais, mais il était fier de sa fille qui appliquait ses préceptes au-delà de ses espérances.

Pour Yves, le vide est indéfinissable. À 14 ans, en général, la force de l'adolescence transgresse les obstacles. C'est l'âge de la joie, de l'avenir optimiste, du regard tourné vers les filles, des fêtes entre copains et copines. Mais lui avale plutôt sa tristesse. S'isole. Ne recherche que la compagnie de Dick, son vieux compagnon pour qui les jours sont aussi comptés. Dans sa chambre, le nouveau maître des lieux passe de longs moments à réveiller les souvenirs, ceux des belles promenades dans les bois en compagnie de son père ou des parties de pêche à La Planchette. Assis à sa table, face à la fenêtre, il laisse souvent vagabonder son imagination et s'amuse parfois à observer les voisins qui papotent et s'apitoient sur les difficultés de l'après-guerre. Parfois, des projets lui trottent dans la tête. Rien de mieux que les escapades dans la nature pour chasser la mélancolie.

La forêt constitue l'endroit de prédilection où le jeune homme se sent vraiment à l'aise. Tel un océan, elle livre un infini que le jeune garçon de 14 ans veut pénétrer. Pendant des heures, il reste couché devant des plantes pour rechercher le petit détail qui lui a échappé. Il pense tout connaître de l'ajonc, de l'aubépine, de la bruyère, de l'arbousier... Pourtant, livre de botanique en poche, Yves ne cesse de percer de nouveaux secrets.

L'apprenti chercheur ne se satisfait plus d'une connaissance superficielle. Son attention se porte sur les qualités et les vertus du végétal. Il s'initie aux applications possibles en confrontant les préconisations scientifiques et les remèdes de bonne femme auxquels il prête une certaine efficacité.

Marguerite le voit partir les matins sur sa Motobécane, sans jamais lui poser de questions. Elle sait maintenant que la passion l'envahit et lui permet d'effacer le chagrin. Sur les sentiers des bois et des marais, il court vers le bonheur. À chaque retour, elle constate que son fils reprend force et équilibre. Quelle joie pour elle de retrouver son Yves, calme, plus serein, et reprenant doucement sa place au sein du foyer !

Est-ce dans ces moments propices à la méditation que se profile la vocation du jeune Rocher ? Vraisemblablement, car les signes parlent. Yves mythifie la forêt. Chérit son pays et enracine son cœur à l'ombre de Brocéliande. S'accroche à sa destinée. Devient homme. Un homme complexe, curieux de tout, découvrant que les contradictions permettent d'avancer et que les combats fortifient la personnalité. Il peut avoir la sensibilité du poète, les interrogations du philosophe, les doutes du croyant, les certitudes du pragmatique, la ténacité du gagnant, la rudesse du décideur, la fragilité de l'humaniste...

« La forêt est mon tête-à-tête », dira-t-il plus tard, comme si elle seule pouvait percer les énigmes du personnage.

Dans son ouvrage *100 plantes, 1 000 usages*, l'auteur se livre : « Depuis mes premières promenades en forêt, j'ai toujours eu le sentiment que la nature méritait d'être redécouverte chaque jour. [...] Elle vous invitera, à chaque escale ou étape, à percer les secrets d'antan dont la connaissance n'a cessé d'évoluer, à reprendre contact avec une nature étonnante d'ingéniosité et débordante de générosité. Si le temps des recettes ancestrales a cédé la place à la science et à la thérapie, l'émerveillement demeure. »

L'émerveillement lui est venu à une période de sa vie où ses camarades de classe s'imprégnaient du théorème de Pythagore. Lui était déjà rendu beaucoup plus loin, pour répondre à l'appel de la nature et relever les défis que son regretté papa lui avait lancés...

*

* *

Au collège Saint-Sauveur, le pensionnaire annonce son départ, qui ne provoque pas de surprise. Depuis plusieurs mois, il s'absentait fréquemment. Une santé fragile, la maladie et le décès de son père donnaient des prétextes valables pour partir de cet univers dans lequel l'élève ne s'était jamais senti à l'aise.

En abandonnant la scolarité, Yves se sépare de quelques bons camarades. Gaston Renaud garde contact. Il perdra lui aussi son père quelques mois plus tard et reviendra à La Gacilly.

Marguerite constate avec plaisir que son fils commence à s'intéresser au magasin et partage toutes ses décisions. Depuis le décès de Joseph Rocher, les difficultés s'accumulent. Les grands-parents maternels ont quitté cette terre. Et, même s'il est heureux pour elle, Yves voit avec peine la grande sœur partir de la maison.

Reine s'est mariée et s'appelle désormais madame Renvoiret. Elle vit en dehors du domicile de la rue Saint-Vincent et travaille à proximité, chez les Texier, marchands de vins, où elle poursuit l'activité « chapeaux ». Marie-Jo Jouvance, la future épouse d'Yves Rocher, l'a rejointe pour confectionner à ses côtés.

Yves s'implique de plus en plus dans les affaires, sans avoir d'idées précises sur l'avenir. Les proches vantent ses qualités, détectent un sens des responsabilités et un tempérament de gagnant.

En 1947, l'annonce d'une naissance redonne le rayon de soleil qui manquait depuis longtemps au sein de la famille Rocher. Reine met au monde en novembre une fille, Édith. Yves accepte avec enthousiasme d'être parrain et prend très au sérieux la proposition qu'il reçoit comme un témoignage de confiance et d'affection. L'enfant efface de ses sourires les mauvais souvenirs des années précédentes. Les lumières de la vie vont-elles enfin reprendre le dessus ?

Pas pour longtemps hélas ! Un nouveau malheur frappe la famille. Reine a beaucoup souffert et ne se rétablit pas de l'accouchement. Pendant quatre mois, les médecins se relaient à son chevet. Épuisée, la jeune maman de 28 ans, courageuse jusqu'à ses derniers instants, abandonne et part rejoindre ses parents le 18 février 1948.

Yves, à quelques semaines de ses 18 ans, ressent cruellement la nouvelle épreuve.

Dans l'adversité, le jeune homme mûrit et se conduit en adulte responsable avant l'heure. Il porte sa destinée et celle de ses proches. À l'âge où les jeunes gens courent aux bals ou aux matchs de football du dimanche, lui gère déjà des problèmes de petit chef d'entreprise en ayant obtenu l'émancipation qu'il avait demandée.

À partir de cette période des dernières années 1940, plus rien n'arrêtera ce bâtisseur, fidèle à la famille, à la commune, à la Bretagne, au pays... Il déploiera une énergie incroyable dans tous les domaines : environnement, économie, politique, art. Sa boulimie de créations sera sans limites. Elle fera du nom « Yves Rocher » un talisman à la conquête du monde, sans qu'il ne perde jamais le sens des réalités, de la simplicité et de l'humilité. Conditions indispensables pour cultiver l'habileté du dépassement et de la réussite. Mais on n'en est pas encore là.

Au 2 de la rue Saint-Vincent, la vie s'organise. Le nouveau patron travaille beaucoup au magasin et cherche des activités complémentaires, ce qui ne l'empêche pas de vouloir s'évader de temps en temps dans la nature. Les objectifs ont changé et, pour tout dire, ne sont pas très louables.

Finies les sorties contemplatives ! Avec ses camarades, Jean Collet et Marcel Boucher, il organise des expéditions nocturnes pour chasser le gibier. À 14 ans déjà, il s'était fait la main. En cachette, le braconnier en herbe partait avec un furet, ce qui était strictement interdit. L'entourage le savait, souriait sous cap de ce petit côté frondeur et personne n'intervenait car la pratique était généralisée.

Désormais, les échappées s'effectuent à bord d'une voiture décapotable. Les chasseurs tirent les lapins à la lumière des phares. Pour passer inaperçus, ils masquent les plaques d'immatriculation par des sacs. Les gardes ont quelques soupçons, mais ne les surprennent jamais. La bande ne se prive pas. Les garde-manger d'après-guerre sont vides et les mamans sont bien heureuses de recevoir gratuitement ces provisions de choix. Comme Marguerite, elles ne sont pas très fières, mais toutes ferment les yeux. Chaque soir, Marguerite tremble quand elle voit Yves préparer son équipement. Le lendemain, elle oublie vite ses appréhensions de la nuit quand elle s'installe au fourneau pour préparer le civet dont la famille raffole.

Yves s'implique maintenant totalement dans le commerce. Pour son âge, il démontre un certain aplomb, ce qui vaut mieux pour traiter avec les agriculteurs, exigeants dans leurs achats. Il se préoccupe des comptes et constate qu'il y a peu d'espoir de développement. La trésorerie fragile des fins de mois donne des appréhensions. Le nouveau propriétaire comprend qu'il ne s'en sortira jamais s'il ne crée pas d'autres activités à l'extérieur des murs. Cela tombe bien, il a la bougeotte. Heureusement, il sait conduire. À 17 ans, il avait demandé à un ami de lui apprendre à piloter une camionnette. Pas de problème, donc, pour relancer le négoce du chanvre et du lin. Il a même acheté une Juva 4 pour élargir le rayon de ramassage tout en raccourcissant le temps de la tournée. Mais les conditions ont changé : la culture périclite et d'autres matières nouvelles sont en train d'apparaître. L'entrepreneur conclut rapidement qu'il a peu de chance de réussir dans ce créneau.

De détermination, l'héritier Rocher ne manque toujours pas. Cela irait quand même mieux si les ennuis de santé ne venaient pas sans cesse contrarier les projets... Il souffre toujours d'ennuis respiratoires, multiplie les bronchites et se plaint de crises d'eczéma. De graves soucis l'obligent à tout interrompre. Le médecin diagnostique une vilaine péritonite. Dans le quartier, les rumeurs les plus pessimistes commencent à courir quand Jean Collet le prend sur son dos pour descendre l'escalier et pour le conduire d'urgence à Rennes afin qu'il y soit opéré.

Il s'en remettra vite et c'est peut-être dans ces situations extrêmes qu'Yves Rocher se montre le plus imaginatif et que les plans prennent forme.

« Si le client ne vient pas à toi, pourquoi n'irais-tu pas à lui ? » Nul besoin de sortir d'HEC pour adopter ce concept tout simple. L'ingénieux autodidacte a observé de près les commerçants de bouche ambulants qui traversent les villages. Ils travaillent et vivent confortablement parce qu'ils savent répondre à l'attente de la clientèle. Le service d'abord ! « Pourquoi le même besoin de proximité n'existerait-il pas pour les vêtements et le textile ? » s'interroge le vendeur de La Gacilly. « Il faut sortir de nos murs de la rue Saint-Vincent », ne cesse-t-il de répéter à sa maman, qui avoue être dépassée par une telle perspective.

Yves décide d'en parler à Joseph Giboire, qui deviendra pour toujours l'un de ses meilleurs amis. Joseph, qui travaillait auparavant dans une usine de chaussures à Vitré, a ouvert une cordonnerie à La Gacilly en 1947. Pour lui aussi, les affaires vivotent. Le « chapelier » propose alors une association :

« Joseph, pourquoi ne viendrais-tu pas travailler avec moi ?

— Tu n'y penses pas. Tu as déjà du mal à faire face. Tu sais bien que ton magasin ne tourne pas rond.

— Oui, mais j'ai des idées.

— Explique.

— Tu vois bien que les gens viennent de moins en moins chez nous. Sur les marchés, la fréquentation diminue aussi. Il faudrait que nous allions vendre à domicile comme les boulangers, les bouchers, les épiciers...

— Et vendre quoi ?

— Des vêtements, évidemment. »

Joseph tombe des nues. Il imagine assez mal les clients essayant dans la rue ou dans une camionnette des chapeaux, des chemises et autres habits.

« Franchement, je doute.

— Tu as tort. Moi je suis sûr que ça marchera. »

Yves a une force de persuasion assez exceptionnelle. Il en joue : « D'ailleurs, je vais te dire, nous n'avons plus beaucoup le choix. Crois-moi, Joseph, il faut tenter... »

Avec ou sans Joseph, le spécialiste en tissus est décidé à créer sa tournée. Le cordonnier, qui connaît bien son ami, le sait et finit par donner son accord. Les premières sorties dans les villages créent l'événement. L'effet de curiosité l'emporte sur le négoce. Les habitants apprécient cette nouvelle animation qui permet de se rencontrer, de discuter en commentant la mode. Puis, rapidement, les populations s'attachent au service rendu. La camionnette s'arrête sur les places des communes, visite les fermes. L'offre est complète : chapeaux, tissus, mercerie, sous-vêtements, chemises… Les bleus de travail, prisés à cette époque de reconstruction, obtiennent un franc succès.

Marguerite admire son fils qui, par miracle, dégage les stocks, mieux, ne cesse de passer des commandes aux fournisseurs. À la boutique, elle se consacre surtout aux costumes, aux tenues de sortie et de mariage.

Les affaires reprennent si bien qu'un deuxième salarié, Maurice Barre, rejoint l'équipe ambulante. À ce stade, l'équipe pourrait se satisfaire du chemin parcouru. C'est mal connaître le « chef ». Tous ignorent encore qu'il voit beaucoup plus loin et qu'il va se lancer dans d'autres grandes manœuvres…

1950, c'est aussi l'année d'un rendez-vous personnel qui fera date dans sa vie. Le jeune patron annonce son mariage avec Marie-Jo Jouvance, la fille du facteur domicilié au Bout du Pont qui lui donnera une fille et trois fils.

La future madame Rocher, âgée d'un an de plus que son fiancé, native de La Gacilly, connaît Yves depuis l'enfance. Leurs relations ont pris une autre tournure quand Marie-Jo est venue au magasin seconder Reine, avant de la remplacer définitivement à la réalisation des chapeaux.

Le jeune couple s'installe dans la chambre des parents, Marguerite occupe celle de son fils. La nouvelle famille trouve une harmonie qui tiendra ainsi plusieurs années avant d'être confrontée à de multiples aventures, heureuses parfois, tourmentées souvent, originales toujours…

Yves s'absente très fréquemment de la maison pour se consacrer à ses nombreuses activités. Il est en recherche permanente d'innovations pour développer son affaire. Jamais de repos, des contacts ici et là, des aménagements de nouvelles tournées, des offres élargies de produits... L'homme se démène sur tous les fronts. Et ça réussit !

Une rencontre avec Yannick Dubois, propriétaire d'un atelier de confection à Redon, offre une ouverture. Yves Rocher aborde sans détour le petit industriel breton :

« Je vous connais. J'apprécie ce que vous faites. Nous pourrions nous associer pour monter un projet intéressant. Vous et moi serions gagnants.

— Que souhaitez-vous ?

— J'ai créé un commerce ambulant de vêtements qui satisfait notre clientèle dans le secteur de La Gacilly. Le besoin existe. On nous attend. Si vous nous rejoignez, nous pourrons couvrir ensemble un territoire plus large. Je suis persuadé qu'il y a un bel avenir devant nous.

— Pourquoi pas ? Que préconisez-vous ?

— Il faudrait fonder une société. On pourrait l'appeler Duroc (Dubois-Rocher). »

Yannick Dubois saisit la perche. Il met sur la route un certain nombre de camions qui sillonnent la Bretagne tandis qu'Yves Rocher s'initie aux responsabilités de chef d'entreprise et y prend goût. Le lancement donne des résultats positifs et encourageants. Mais Duroc ne tiendra pas plus de trois années. Yves Rocher, ayant perçu que le projet risquait de s'essouffler rapidement en raison de l'apparition des nouvelles techniques de vente, préfère mettre la clé sous la porte.

Dans ces années 1950, la société française évolue d'une manière stupéfiante. De nouveaux moyens de transport, de mobilité, de communication changent les modes de vie. Il faut sentir, suivre, anticiper les mutations. C'est précisément le talent d'Yves Rocher, qui possède une intuition exceptionnelle et qui excelle dans l'art d'aller de l'avant, tout en sachant faire marche arrière à temps quand nécessité oblige.

La fermeture de la société Duroc ne le perturbe pas. Car il a déjà en tête d'autres perspectives...

CHAPITRE 6

L'ÉPOPÉE DU GRENIER

Juillet 1958.

« Tu es sûre que c'est là ? C'est étonnant !

— Je t'assure. Regarde, c'est écrit : Rocher.

— Alors on y va ? »

Une maman et ses trois filles s'adressent à Marie-Jo Rocher :

« Bonjour. C'est bien ici que vous fabriquez et vendez la pommade ?

— Oui. Vous la connaissez ?

— Nous sommes de Saint-Mandé et nous partons en vacances dans notre maison de Carnac. À Paris, nous utilisons votre remède que nous avons découvert dans *France Dimanche*. Nous le trouvons efficace et nous avons décidé de faire un crochet par La Gacilly pour vous voir et en acheter. »

Ce que n'expriment pas les quatre visiteuses, c'est leur étonnement. Elles n'imaginaient pas que le fameux onguent était réalisé dans de telles conditions. Elles s'attendaient à découvrir un atelier industriel moderne. Et voilà qu'on leur parle de grenier ! Dans l'escalier étroit, des hommes portant des sacs volumineux s'entrecroisent. Une vraie ruche, ce magasin qui avait été conçu pour vendre des vêtements !

Elles essayent d'en savoir un peu plus sur ce curieux

univers, mais comprennent rapidement que la propriétaire ne veut pas s'étendre sur la description du produit, ni sur la fabrication et la commercialisation. Tant pis si les quatre touristes repartent frustrées. Dans le commerce, il y a des choses qui ne se disent pas, surtout quand l'activité est soumise à tant d'aléas...

Il est vrai que cette histoire de pommade peu banale a suscité bien des oppositions, des curiosités et des... quolibets. Aujourd'hui encore, elle se raconte comme une légende et se prête à des interprétations diverses. Les rares survivants de l'Ordre du grenier (ODG) l'évoquent, avec fierté, à la manière d'une épopée, tels d'anciens combattants ayant gagné une bataille, avec Yves Rocher en commandant en chef.

Bataille, ce fut !

Tout commence par une rencontre avec Marie Chaumeil, une habitante du Temple, petit village à trois kilomètres de La Gacilly. Yves souffre lui-même de varices mal placées. C'est encore l'époque, dans les années 1950, où, par pudeur, on évite d'évoquer ce mal honteux de la partie intime du corps. Yves Rocher ne réussit pas à trouver en pharmacie le médicament lui permettant de guérir. On lui signale une femme, passionnée de botanique, qui propose à ses proches un traitement efficace. Un rendez-vous est organisé. Les deux personnages sympathisent.

« Est-il vrai que vous avez trouvé une composition à base de plantes pour soigner les hémorroïdes ?

— Exact. Je la tiens de ma mère qui m'a confié son secret. »

Et Marie Chaumeil raconte :

« Maman était une personne très généreuse. Elle invitait souvent à sa table des gens vivant de mendicité. Un jour, elle s'est plainte de ce mal à l'un d'entre eux. Il lui a répondu qu'il connaissait un remède facile à réaliser. Dès le lendemain, il le lui apportait et, quelques jours plus tard, ma mère était guérie.

— Mais il lui avait aussi donné la formule ? » interroge le visiteur.

« En signe de reconnaissance, pour sa gentillesse et son accueil chaleureux des gens nécessiteux, le soigneur lui avait divulgué le secret, qu'elle m'a transmis peu de temps avant de mourir.

— Et c'est cette pommade que vous proposez maintenant aux personnes qui viennent vous voir ?

— Oui. C'est ma manière à moi aussi de faire du bien. Tenez, prenez-en et vous viendrez me dire ce que vous en pensez. »

Des liens de sympathie se tissent entre eux. Yves Rocher reste un bon moment à discuter avec elle des bienfaits thérapeutiques de telle ou telle plante. Tous deux sont des connaisseurs et trouvent un malin plaisir à échanger leurs savoirs.

L'onguent produit rapidement ses effets. Le mal disparaît. Yves Rocher est maintenant convaincu de l'efficacité du traitement et souhaiterait connaître à son tour la composition. A-t-il déjà une petite idée en tête ? Il revoit la guérisseuse :

« Merci. Je ne ressens plus rien.

— Vous voyez, je vous l'avais dit.

— Vous en fabriquez beaucoup ?

— Dans le pays, ça commence à se savoir. Je rends service aux gens qui viennent m'en réclamer. C'est incroyable le nombre de personnes qui en souffrent et qui n'osent pas en parler. Ce serait pourtant bien si plus de monde pouvait en profiter.

— Et si je vous proposais de faire connaître la pommade et de la diffuser.

— Pourquoi pas ? Mais moi, toute seule, je ne peux pas la fabriquer en grande quantité.

— Ne vous inquiétez pas. Si vous acceptez de me communiquer la formule, je m'en chargerai.

— Oh, s'il n'y a que cela ! Elle est très simple. Je suis d'accord pour vous la donner car vous m'inspirez confiance.

— Dans ce cas, je peux vous l'acheter et vous assurer un revenu mensuel qui vous permettra d'être définitivement tranquille. »

Nous sommes en 1955. Quelques jours après cette rencontre au Temple avec Marie Chaumeil, Yves appelle Marie-Jo :

« Viens avec moi dans la cuisine pour me donner un coup de main.

— Qu'est-ce que tu veux encore nous faire ?

— J'ai la formule de la pommade de Marie Chaumeil. On va l'essayer.

— Ici ?

— Bien sûr, comme chez elle, dans sa cuisine. Sors les casseroles pendant que je vais chercher les produits. »

Marie-Jo fronce les sourcils en voyant son mari revenir les bras chargés de plantes et d'une boîte de saindoux : « Je vais t'expliquer. »

Elle lit dans le regard bleu de son époux l'enthousiasme du chercheur qui décrit sa trouvaille avec jubilation : « Cette petite plante verte n'est pas du trèfle comme le pensent beaucoup de gens. C'est de la ficaire, que les connaisseurs appellent aussi épinard des bûcherons. Plus sérieusement, cette plante herbacée se trouve dans les champs, les bois, les haies et les terrains humides. Elle donne de mars à mai des fleurs d'un beau jaune doré ressemblant à des étoiles. Les tiges peuvent atteindre quarante centimètres de hauteur. »

Après cette leçon de botanique, l'expert aborde le vif du sujet : « D'abord, pour notre pommade, il ne faut utiliser que la racine et la broyer après l'avoir bien lavée. Le jus doit ensuite être mélangé à du saindoux et on chauffe le tout jusqu'à ébullition. On laisse macérer et refroidir pendant une heure environ. Il ne reste plus qu'à récupérer ensuite la pâte. »

Tout en parlant, Yves exécute l'opération qui se déroule normalement. Marie-Jo observe, en se disant que ce remède de bonne femme n'est pas sorcier, jusqu'au moment où un petit incident contrarie le succès de l'expérimentation.

L'épouse a tout prévu, sauf le risque du bouchage de l'évier par la mixture. Quand Marguerite veut à son tour faire couler l'eau, elle découvre les dégâts. Déjà qu'elle ne comprenait rien à cette tambouille ! Craignant de ne plus pouvoir utiliser sa cuisine, elle pique une petite colère. Yves ne peut s'empêcher de sourire en voyant sa maman aussi irritée…

L'essentiel, pour lui, est de maîtriser la formule et d'imaginer son exploitation à grande échelle le plus rapidement possible. Car il y croit de plus en plus. Convaincu de l'efficacité du produit, Yves Rocher mesure la chance de posséder un tel secret. Doté d'une bonne intuition, il pressent déjà la réussite commerciale qu'il peut en tirer car, à sa connaissance, le marché est ouvert.

La mise en œuvre devrait être facile : « Tous les atouts sont réunis pour lancer le projet », se dit-il, sans imaginer les obstacles et les pièges qui le guettent. Il ne tardera pas à découvrir les jalousies, les doutes, les oppositions corporatives, les contraintes administratives, les passivités, les moqueries et les rumeurs…

Quand bien même il aurait préjugé de toutes les adversités, l'entrepreneur n'aurait pas abandonné. Les oppositions le motivent. La rage de vaincre l'emporte sur la résignation. C'est dans sa nature. Des batailles, il en a connu. Mais celle-ci restera l'une des plus rudes de sa vie. Celle dont il gardera aussi le meilleur souvenir : « Ce fut ma plus belle époque, tant sur le plan professionnel que sur le plan moral », confiera-t-il un jour.

*

*   *

Après avoir fermé l'entreprise Duroc, Yves Rocher cherche à créer une nouvelle société. Il en parle à Gaston Renaud, le fidèle compagnon auquel il se confie. Depuis

Saint-Sauveur, les deux comparses ne se sont jamais perdus de vue. Ils se retrouvent les jeudis et les samedis.

Gaston Renaud est l'aîné et le seul garçon d'une famille de six enfants. Son père commercialise des produits du sol. L'affaire est assez prospère, jusqu'au jour où un an après Joseph Rocher, le papa décède. Gaston, à 16 ans et demi, se retrouve dans la situation d'Yves, à la différence qu'il doit aider sa maman à subvenir aux besoins de ses cinq sœurs. À regret, il abandonne les études, qui auraient pu le destiner aux carrières de journaliste, de pilote de ligne ou de commissaire de police. Contraint, il prend la succession du père. Yves exerce dans les tissus. Gaston dans les produits agricoles. Tous les jeudis, il tient le magasin de La Gacilly. Le reste du temps, il sillonne la campagne à vélo pour vendre ses engrais. Il se débrouille si bien qu'il doit s'équiper d'un camion pour assurer le développement : « J'ai acheté un douze tonnes en culotte courte », dira-t-il plus tard en plaisantant.

L'un et l'autre partagent les mêmes préoccupations. Ils ont surtout une ambition folle et ne se satisfont pas de leur sort. Quand ils se retrouvent, ils parlent de leur avenir : « Il ne faut pas qu'on reste comme ça. On peut faire mieux... »

Alors ils cherchent, rêvent, échafaudent des projets. Ah ! ce ne sont pas les idées qui manquent. Encore faut-il qu'elles soient réalistes.

« Et si on produisait en grande série la pommade de Marie Chaumeil. Je t'assure qu'elle est efficace et qu'elle se vendra bien », suggère Yves.

On imagine la surprise de Gaston qui n'ose, même s'il le pense, qualifier cette idée de farfelue. Mais Yves ne plaisante pas. Il insiste, explique sa découverte, se veut persuasif : « Je t'assure qu'elle est efficace. Je l'ai moi-même expérimentée et j'ai été guéri. Je l'ai aussi testée auprès d'autres personnes qui m'en ont dit le plus grand bien. » Au passage, il ajoute :

« Je ne sais pas si je te l'ai déjà dit, mais si mes parents avaient eu les moyens de me payer les études, j'aurais aimé devenir médecin. Peut-être que, grâce à ce remède, je vais pouvoir à ma manière exaucer ce vœu de soulager les gens.

— Comment comptes-tu faire ?

— D'abord, la fabriquer et trouver des circuits de distribution.

— Où vas-tu t'installer ?

— Rue Saint-Vincent. Y a la place. Et on commencera modestement. »

Gaston comprend qu'Yves a déjà tout prévu. Y compris son engagement à ses côtés. La question, en forme d'injonction, ne tarde pas :

« D'ailleurs, je compte sur toi. Alors, t'es d'accord, tu viens avec moi ? »

D'un clignement des yeux, Gaston acquiesce. La connivence est telle qu'un petit signe suffit.

Sans aucun contrat, à la confiance, le pacte est conclu. Après tout, l'ex-compagnon du collège Saint-Sauveur se dit qu'il n'a pas grand-chose à perdre. Il connaît aussi la détermination d'Yves Rocher. Quand celui-ci a un projet en tête, il ne l'abandonne jamais. Et, tout bien pesé, son idée n'est pas si extravagante. De son côté le futur patron ne doutait pas de convaincre son camarade et prend acte avec satisfaction de la réponse. Le voilà maintenant associé à cette aventure. Une aventure tellement étonnante...

Yves Rocher poursuit les démarches et multiplie les rencontres pour constituer une équipe rapprochée avec les personnes qu'il aime. Il voit longuement et à plusieurs reprises le docteur Joseph Ricaud, un cousin qui jouit de sa totale confiance. Il attend de lui conseils et assurances. Ce médecin, humain, apprécié et respecté dans le pays, s'intéresse aussi passionnément aux plantes. Il leur attribue des vertus thérapeutiques et les prescrit même parfois à des patients comme le ferait aujourd'hui un homéopathe. Joseph Ricaud prend au sérieux l'idée de son jeune cousin et l'encourage fortement à faire aboutir son projet.

Le fondateur se tourne vers d'autres proches sur lesquels il sait pouvoir compter. Il contacte Joseph Giboire dont il a apprécié les services dans le précédent commerce de vente de vêtements à domicile. Il estime son sérieux, sa loyauté, sa disponibilité, son efficacité discrète. Le jeune patron le veut absolument à ses côtés et ne lui laisse quasiment pas le choix. Joseph Giboire ne le quittera jamais plus et restera toujours solidaire même dans les moments les plus tendus. Il sera de tous les grands rendez-vous, y compris à la mairie pour assumer durant de longues années le mandat de premier adjoint.

Et c'est ainsi qu'en 1956 le fameux grenier est créé au 2 de la rue Saint-Vincent. En gravissant les marches de ce petit magasin, rares sont les pionniers qui imaginent écrire la première page de la belle histoire d'Yves Rocher et de sa marque.

L'espace est limité : une trentaine de mètres carrés. Là, travaillera de 1956 à 1959, un petit groupe uni et resserré : le responsable Joseph Giboire, Ferdinand et Joséphine Trévin, Félix Denis, Thérèse Jouvance la sœur de Marie-Jo, Marie-Annick Mesny. Yves Rocher assisté de Gaston Renaud assure la direction et s'absente fréquemment pour conquérir des marchés.

Dès le lancement de l'atelier, les artisans appliquent les manipulations simples réalisées par le propriétaire quelques mois auparavant dans la cuisine de Marguerite. Mais l'expérimentation est renouvelée à une plus grande échelle et cette fois... sans boucher l'évier !

Les tubercules de ficaire sont écrasés par un broyeur à pommes. Une vaste cuve recevant soixante litres de jus est placée au milieu de la pièce. Le liquide mélangé au saindoux livré par le charcutier de la rue est touillé par Joseph Giboire, qui utilise une rame de bois. Le tout est porté à ébullition et la pâte se forme au cours de la phase de refroidissement. Reste enfin à la verser dans des pots de confiture achetés vides à l'épicière Huchet, voisine de cette curieuse fabrique.

Les moyens évoluent rapidement pour mieux répondre aux attentes de la clientèle. Les pots de confiture sont abandonnés. La pommade, comme s'il s'agissait d'un onguent pharmaceutique, est injectée dans des tubes. Manuellement au début, puis ensuite à l'aide d'une petite machine qui permet de gagner du temps. La fabrication atteint de beaux scores : de 1 000 à 2 000 unités par semaine. Les opérateurs comptent une journée pour préparer cinquante kilos. Chaque tubercule frais pèse en moyenne quinze grammes. Encore faut-il en obtenir suffisamment pour garantir une production commercialisée en boîtes de cinq tubes. Cette plante médicinale repousse heureusement comme du chiendent. N'empêche, la régularité de l'approvisionnement de la matière première préoccupe l'équipe.

À l'origine, des amis bienveillants avaient fourni spontanément la ficaire par petites quantités. Certains en avaient même envoyé dans des enveloppes. De son côté, Yves Rocher avait repéré, dans les champs environnants, les coins propices à cette récolte, en dehors des périodes de printemps et d'été. Mais le dispositif est vite apparu insuffisant et la zone trop petite pour satisfaire une clientèle de plus en plus nombreuse et pressante.

Yves Rocher décide de changer d'échelle et envisage une organisation plus professionnelle avec des ramasseurs saisonniers. L'équipe a aussi besoin d'être renforcée. François Naël est recruté, en janvier 1959, au retour d'Algérie.

Du grenier, il a évidemment entendu parler. Il connaît bien Félix Denis, l'un de ses membres, qui lui communique l'information au moment où il cherche du travail et s'apprête à partir à Paris. Il connaît aussi Gaston Renaud, auquel ses parents agriculteurs ont dans le passé acheté des engrais. Mais il n'a jamais rencontré Yves Rocher, cette personnalité qui commence à remuer le pays. Un rendez-vous est pris au magasin :

« Alors, on me dit que tu veux venir travailler chez moi ?

— Oui, Félix m'a prévenu qu'il y avait une place.

— Tu sais ce qu'on fait ?

— Je connais la pommade. En Algérie, je souffrais des hémorroïdes. J'ai vu une annonce dans *France Dimanche*. J'ai donc demandé à ma mère de m'en envoyer et ça m'a guéri. »

Yves Rocher, mis dans de bonnes dispositions et en confiance, sourit. Bon signe, pense François Naël. Mais le patron revient à la charge... en changeant de sujet :

« Au fait, ton père est toujours conseiller municipal sur la liste Jouvance ? Pour les prochaines élections, dis-lui de démissionner, ça m'arrangerait. »

Le futur salarié comprend, à cet instant, que le patron a aussi des ambitions politiques et retourne chez lui en soulignant à sa femme : « Il est déterminé et vise déjà loin. On le verra maire un jour... »

Dès le lendemain, François Naël est à son poste.

Au grenier, les membres de l'équipe sont polyvalents et se relaient pour la fabrication, le conditionnement, l'expédition de la production. Le nouvel embauché est plus spécialement chargé du ramassage de la ficaire. Tous les deux ou trois mois, il part avec une 403 commerciale à Fontainebleau, à Quincampoix en Normandie et à Saint-Servan près de Saint-Malo. Il paie en liquide – 30 francs le kilo dans les années 1960 – et dépose au retour les sacs de cinquante kilos dans la cave à cidre.

*

* *

Si, malgré les oppositions et les railleries, l'affaire décolle aussi vite, c'est grâce aux prospections d'Yves Rocher et de Gaston Renaud qui réussissent à atteindre leur objectif.

Au départ c'est pourtant loin d'être évident. Tous deux « montent » en semaine à Paris pour essayer de convaincre ces messieurs de la capitale. Ils sont souvent accueillis comme de doux rêveurs de la province...

Sans jamais se décourager, fouineurs et débrouillards, les commerçants de La Gacilly obtiennent un rendez-vous avec le directeur des laboratoires Midy. L'enthousiasme les aveugle. Sans complexe, ils proposent une association aux dirigeants du groupement pharmaceutique qui, en quelques minutes, leur démontrent le ridicule de la situation ! Les deux représentants ont compris : l'entretien tourne court, et ils rentrent au pays avec l'amer sentiment d'avoir amusé la galerie parisienne.

Localement, certaines réactions ne sont pas plus avenantes. Le pharmacien de La Gacilly monte une cabale, en dénigrant la pommade.

Qu'ils soient considérés comme des petits provinciaux, des illuminés, des amateurs, qu'importe ! Même si les railleries de ces donneurs de leçons de la capitale sont blessantes. Yves Rocher, en toutes circonstances, garde le moral. Il est sûr de lui. Malgré les tirs de barrage, il avance. Plus le chemin est compliqué et plus il veut l'emprunter. Il est ainsi fait : l'obstacle nourrit sa force.

« C'est dans les guerres qu'on voit surgir les héros », disait-il à son fils Daniel, pour l'encourager à surmonter les embûches.

À Gaston Renaud, il tenait aussi un discours optimiste. Sous forme de boutade il l'encourageait et s'encourageait lui-même : « Tu verras, un jour tu iras vendre nos produits en Chine... »

Prémonitoire ? Bien sûr. Mais il n'y avait que lui à pouvoir imaginer dans ces années-là qu'une marque portant son nom réussirait un jour à traverser les frontières de l'empire du Milieu.

En 1957, Yves Rocher s'installe à Paris, dans un petit studio du IIe arrondissement, rue Saint-Marc, le quartier de la presse. Gaston Renaud le rejoint. Tous deux veulent séduire Paris et la France. Ce n'est pas un défi, mais une gageure qu'ils parviennent à relever malgré toutes les résistances. Ils développent notamment les campagnes de presse et une stratégie commerciale ingénieuse.

Et le grenier, de son côté, avec ses faibles moyens, réussit à suivre. La pression est forte, mais les pionniers ressentent de plus en plus d'exaltation. Pourtant, sous le toit, les conditions de travail sont rudes : pièces surchauffées en été, glaciales en hiver. Les salariés eux-mêmes doivent se déplacer dans un espace très étroit. Les journées ne se comptent plus en heures. Heureusement que l'enthousiasme règle les pendules et égrène le temps.

Marguerite et Marie-Jo veillent au moral des troupes. Une sonnette, actionnée du rez-de-chaussée, rythme la vie du grenier. À 10 heures, elle appelle au casse-croûte. À midi, elle lance le rappel pour le déjeuner en commun dans la cuisine. Tous se retrouvent attablés, dans une ambiance joyeuse et familiale. Pour les anniversaires, on sort, le soir, la bouteille à long col et personne n'échappe à cette tradition du petit verre de la cuvée d'Alsace.

De ces périodes héroïques les pionniers ne garderont que d'excellents souvenirs. Ceux qui restent les évoquent avec beaucoup d'émotion : « Durant ces années, nous n'avons jamais proféré de griefs. On ne se lamentait pas. Seule importait l'énergie de vaincre. »

Daniel Rocher, né le 7 mars 1954, garde des images lointaines et heureuses de cette période : « J'avais 4 ans. Tout le monde était gentil avec nous. Nous étions choyés, entourés. Pourtant, les enfants les gênaient parfois dans le travail. Je me souviens de cette grande table où nous nous retrouvions tous. Nous constituions une grande famille élargie. Nous partagions une vraie et chaleureuse vie communautaire ! »

Quant à Yves Rocher, il écrira, non sans une certaine nostalgie : « Quand j'ai créé cette entreprise, l'argent faisait défaut, l'espace aussi. Mais ce qu'il y avait d'extraordinaire, c'était que tous ensemble nous partagions une vie quasi commune et il y avait une ambiance excellente dans notre grenier. »

CHAPITRE 7

L'ÉLAN

Mariée en 1950, Marie-Jo est installée rue Saint-Vincent, avec sa belle-mère Marguerite qui la conseille aussi bien dans les tâches ménagères qu'au magasin. Heureusement que les deux femmes s'apprécient, car le maître de maison est très souvent absent, non pour aller faire la fête avec les copains ou fréquenter les stades, mais pour se consacrer exclusivement aux affaires, toujours à la recherche d'un développement ou d'une innovation.

Marie-Jo met au monde une fille, Martine, qui succombe à la suite d'une méningite six mois plus tard. Nouveau drame familial qui affecte la maman et le jeune père. En 1953, l'heureuse nouvelle de la naissance d'un garçon, Didier, console le couple de la mort du premier enfant. Deux frères suivront : Daniel en 1954 et Jacques en 1957.

Dans la maison de la rue Saint-Vincent qui devient étroite, ce petit monde parvient toutefois à trouver ses marques. Marguerite et les enfants se partagent les deux chambres du premier étage, occupées dans le passé par Yves et Reine. Marguerite prend de plus en plus sa part dans l'éducation et la garde des petits.

Le niveau de vie reste simple et modeste. Il y a même des mois où le ménage craint de ne pas pouvoir boucler le budget. Car il faut traverser cette période difficile de la transition entre la fermeture du magasin de vêtements et la création du grenier.

Le facteur n'a jamais été aussi attendu. Chaque matin, il communique la tendance du nouveau négoce de la pommade. Pas de nouvelles, bonnes nouvelles. Ici c'est le contraire. Plus le sac est lourd et plus l'équipe se réjouit. Jusqu'au jour où André Bournazel, le facteur devenu l'ami de la maison, craque et demande à rencontrer Yves Rocher :

« Que se passe-t-il, André ?

— Je veux vous voir, car je n'arrive plus à faire face. Au début ça allait. J'avais une vingtaine de lettres à déposer chez vous. Mais, en quelques mois, le nombre est monté à 300. C'était encore supportable parce que je commençais ma tournée de 7 h 30 en venant d'abord ici. Maintenant, ce n'est plus possible. On atteint presque le millier.

— Je comprends, mais il suffit de renforcer vos effectifs.

— Oh ! surtout pas, le receveur ne veut rien entendre. Non, je pense qu'il faudra que vous veniez chercher votre courrier tous les jours.

— Eh bien, d'accord. »

En moins d'un an, le flux dépasse les 1 500 enveloppes. Le receveur refuse toujours d'ajuster les moyens, ce qui provoque de lourdes difficultés chez les Rocher, car si la question de la réception est réglée, celle de l'expédition demeure.

Dès la création, Yves Rocher a exigé une règle d'or : une réponse obligatoire à chaque lettre dans un délai de huit jours maximum. Là-haut, au dernier étage de la rue Saint-Vincent, on s'est organisé en conséquence. La partie gauche du grenier est réservée aux expéditions et aux dossiers administratifs. Sur une vieille machine à écrire, Marie-Annick Mesny dactylographie toute la correspondance et veille à bien classer chaque dossier. Le suivi est lourd et délicat. Il s'agit des commandes de la clientèle qui adresse des mandats-lettres en échange des produits. La tâche est ingrate mais hautement prioritaire. Le service soigné, le respect dû à l'acheteur, la rapidité de la réponse, telles sont les préconisations du patron, qui ne tolère pas les erreurs.

Il y a le courrier mais aussi les colis, dont la gestion et l'expédition nécessitent beaucoup d'énergie à l'atelier comme à la poste de La Gacilly, située à cinq cents mètres environ de la rue Saint-Vincent. Plusieurs navettes sont effectuées dans la journée. L'apparition de ce nouveau trafic inquiète à nouveau le receveur. Débordé, il alerte Yves Rocher sur les conséquences de l'alourdissement de la charge : « Monsieur, vous devez trouver une autre solution. Nous ne sommes plus en mesure de vous suivre. Je ne peux pas recruter de renforts et mon équipe manifeste de plus en plus son mécontentement. Un conflit menace. Vous comprendrez que je ne veuille pas prendre ce risque... »

Le chef d'entreprise, qui a déjà une idée en tête, n'insiste pas. Dès son retour, il informe l'entourage : « Le receveur freine encore. Il est totalement indifférent à notre croissance. Dommage, car il pourrait en profiter pour agrandir son bureau et le faire monter de catégorie. Mais c'est son problème. Il va falloir désormais que nous organisions des tournées dans toutes les postes du canton et au-delà en cas de nécessité. »

Une voiture est affectée au circuit et circule en permanence. Elle répartit les expéditions dans les différentes communes de la région. Les réactions sont diverses. Certains bureaux rechignent. D'autres téléphonent pour en redemander, espérant ainsi monter de catégorie grâce au surplus d'activités. Guignen se positionne en tête du peloton avec un record de plus d'un millier de paquets envoyés en une journée !

Ces opérations nécessitent du temps et de la précision, chaque colis étant remis contre remboursement spécifié par le mandat-lettre. Si quelques postiers vivent mal ces contraintes démultipliées à si grande échelle, l'équipe de la rue Saint-Vincent, elle, apprécie autant de signes positifs de développement.

Quel magnifique bilan réalisé en si peu de temps ! Les chevaliers du grenier ont encore en mémoire les premiers balbutiements de mars 1956, quand Yves Rocher et Gaston Renaud avaient décidé, pour se faire connaître, de publier des annonces dans la presse nationale. Il fallait en avoir du toupet : « Je me souviens, raconte Gaston Renaud. Beaucoup de portes se fermaient devant nous. Le premier patron de presse à accepter notre encart s'appelait Pierre Neuville. Il dirigeait l'hebdomadaire *La Presse*. Le 1er mars 1956. Cette date est gravée dans ma mémoire. Notre petite annonce mesurait cinq lignes. Deux ou trois jours après, elle allait déclencher une trentaine de lettres adressées à La Gacilly. C'est à ce moment-là que nous nous sommes dit avec Yves que nous avions trouvé le système. *La Presse* avait servi d'exemple. Les autres décidaient de suivre : *Ici Paris*, France Dimanche, Bonne Soirée, *Les Échos de la mode*... Oui, nous avions gagné la première manche. »

Yves Rocher s'attendait-il à un tel emballement ? Car, au fur et à mesure des semaines, les commandes ne cessaient de se multiplier. Au grenier, l'équipe se montrait euphorique, tout en exprimant quelques inquiétudes sur sa capacité à faire face à l'incroyable engouement.

On sait comment la poste de La Gacilly avait réagi négativement à la déflagration commerciale. Les pharmaciens n'appréciaient pas non plus ce nouveau marché de « charlatan », attentatoire à leur monopole. La justice et les pouvoirs publics commençaient à tendre l'oreille...

Mais, pour Yves Rocher, la dynamique était lancée. Il n'était plus question de faire marche arrière et de céder aux opposants qui se dressaient de toute part. Le bonheur était dans le grenier. La réussite, à portée d'enveloppes. L'ingéniosité faisait son œuvre. Et tant pis si tous ces grincheux ne voulaient pas l'admettre. Ils comprendraient plus tard...

*
* *

« Hou... les pommadiers... »

Didier et Daniel n'apprécient pas. À 4 ou 5 ans, on a déjà sa fierté !

Les petits camarades de l'école Saint-Jugon se moquent d'eux. Heureusement que les deux frères font bloc et savent répondre... coup pour coup. S'ils sont outragés, c'est parce que les gamins ont entendu leurs parents parler de « ce Yves Rocher, le charlatan », qui donne une mauvaise image au pays. Non, La Gacilly ne doit pas être la capitale de la pommade, dit-on ici ou là.

À Carentoir, la commune d'à côté et fausse amie, les habitants en profitent pour ironiser sur leurs voisins. De tout temps, les deux cités ont entretenu des relations tendues et se jalousent. L'occasion est trop belle pour en rajouter et régler les comptes.

Semblable bouleversement évoqué dans la presse nationale met La Gacilly sens dessus dessous. Les Gaciliens sont incrédules. Certains, comme le pharmacien, attisent la population. La famille Rocher, les proches et les travailleurs du grenier se retrouvent marginalisés.

Sûr qu'avec le père Joseph, cela ne se serait pas passé de la sorte. Il avait de la dignité, lui !

Yves Rocher reste indifférent aux critiques et menaces. Il lui en faut plus pour l'impressionner. L'essentiel se résume à son objectif. Il jauge les possibilités, sait où il veut aller, conçoit la démarche presque en terme de mission pour son pays. Jamais il ne pliera ou ne se laissera influencer. L'imaginer, c'est le blesser.

La fidélité et la confiance de son entourage le rassurent. Avec la famille et les amis, l'homme d'affaires fonce en répétant qu'il ne supporte pas l'insignifiance. Il rassure les proches et affirme que, sans tarder, ses mérites seront reconnus par ceux-là mêmes qui le clouent au pilori. D'ailleurs, ses qualités sont déjà reconnues, mais bien au-delà du canton, comme en témoignent les réactions positives provenant de la capitale ou d'autres régions.

Au grenier, Marie-Annick archive précieusement les lettres de félicitations que les artisans se passent chaque matin de main en main. Aux visiteurs qui peuvent encore douter, ils les lisent à voix haute et les commentent à nouveau aux repas pour se redonner du baume au cœur. Quel plus grand bonheur pour Yves Rocher que ces textes élogieux de remerciements ? Dans les correspondances, les clients racontent qu'ils étaient venus vers lui en désespoir de cause et crient aujourd'hui leur guérison en n'hésitant pas à signer de leurs noms les écrits. De tels courriers sont autant d'encouragements. Pour le patron du grenier, les témoignages sincères et sans flatterie constituent la meilleure réponse aux sottises colportées par des concitoyens acrimonieux.

L'équipe de la rue Saint-Vincent, indifférente aux railleries du village, s'active plus que jamais dans un esprit de solidarité. Yves Rocher ne l'avoue pas, mais il est souvent admiratif de cette motivation débordante.

Le fondateur est maintenant convaincu que c'est de Paris et du reste de la France que la réussite viendra. Enthousiaste, il ignore encore les rudes batailles qui se préparent. La justice va se réveiller. La presse hésitera à le suivre. Bien futiles et mesquines lui apparaîtront alors les moqueries de La Gacilly, quand il lui faudra faire face aux assauts répétés de la police, des juges d'instruction, de l'ordre des pharmaciens, de l'administration.

Aux stratégies d'encerclement, le chef d'entreprise répondra par celle de l'évitement. À celle de l'étouffement, il opposera le souffle de sa clientèle de plus en plus nombreuse, soulagée et reconnaissante.

En 1957, Yves Rocher, après avoir fermé le magasin de vêtements, s'installe dans un petit studio de la rue Saint-Marc dans le IIe arrondissement et demande à Gaston Renaud de le rejoindre. Les conditions de vie sont spartiates. Yves a sa petite chambre qui sert de bureau. Gaston dort dans la cuisine. Depuis la classe de sixième à Saint-Sauveur, ils ne se sont jamais quittés. Yves lui accorde sa confiance, indispensable en ces temps où ils doivent assumer ensemble un certain nombre de risques. Dans ce genre de situations, la solidarité compte beaucoup. Gaston Renaud possède un sens inné du contact, partage les valeurs du patron, se joue des situations complexes et parfois bloquées. Les deux hommes se complètent à la perfection. À deux, ils se sentent plus forts pour déjouer les multiples traquenards du milieu parisien.

Yves Rocher reçoit au printemps une convocation de la première brigade mobile du Ier arrondissement. Il demande à Gaston Renaud de le représenter :

« Bonjour Monsieur. Vous savez certainement pourquoi vous êtes devant moi ? » interpelle le fonctionnaire.

« Une plainte, je suppose de l'ordre des pharmaciens ?

— Exact, pour exercice illégal de la pharmacie.

— Nous ne sommes pas surpris. Depuis la création de notre société, les officines nous pourchassent.

— Normal, vous exercez sans le visa du ministère de la Santé. Pour commercialiser des médicaments, vous n'ignorez pas qu'il est nécessaire.

— Ce n'est pas faute de le solliciter.

— Je sais, la procédure est longue, mais l'agrément reste une obligation.

— Peut-être, mais la clientèle nous attend et réclame notre pommade. Ces gens nous apportent d'ailleurs la preuve de l'efficacité du traitement. Tenez, j'ai apporté des lettres. Je vous les laisse. Chaque jour, nous recevons des dizaines de remerciements.

— Le droit, c'est le droit, vous comprenez ? »

L'entretien se poursuit dans un climat sympathique et devient plus chaleureux quand le policier commence à parler du pays.

« Si j'ai bien saisi, vous dites que vous êtes breton ? » demande Gaston Renaud

« Oui, de Concarneau. Je m'appelle Émile Lepage. Je suis très attaché à ma ville et dès que je le peux j'y retourne. Évidemment en Finistère, j'ai entendu parler de la fameuse pommade Rocher. S'il n'y avait que moi, je ne serais pas là en train de vous embêter...

— Je vois. Vous au moins, vous nous comprenez. Au-delà du traitement, il faut aussi regarder les conséquences économiques pour la région. Yves Rocher soigne les gens tout en créant des emplois. La situation n'est pas brillante. On a besoin de redonner du travail et de l'espoir. Ses projets prennent forme. Vous verrez que ce personnage ira encore plus loin... »

Les relations amicales qui se lient entre eux permettront d'arrondir les angles dans les moments de tensions.

De son côté, l'ordre des pharmaciens, furieux, ne désarme pas. Il sollicite le renfort des médecins mais ceux-ci ne bougent pas. À La Gacilly, le praticien attise le mouvement de contestation, mobilise les collègues du département, dépose plainte sur plainte... Le SRPJ (service régional de police judiciaire) de Rennes multiplie les visites inopinées au grenier. Le personnel est souvent convoqué à la gendarmerie pour des interrogatoires. Ces intimidations n'impressionnent pas l'équipe. Au contraire, elles décuplent sa détermination et confortent son sentiment de réussite. Yves Rocher encourage ses compagnons : « Ne vous inquiétez pas, c'est à moi qu'ils en veulent. S'ils réagissent violemment, c'est parce que nous sommes en train de gagner. La préparation officielle contre les hémorroïdes proposée dans les pharmacies est inefficace et ne se vend pas. »

Yves Rocher n'est pas intimidé. Au contraire, il pousse les feux. Sur la qualité du produit, il n'a plus aucun doute. Les lettres de félicitations foisonnent et le créateur ne se prive pas de les rendre publiques. Le prix calculé au plus bas permet de toucher le plus grand nombre de personnes, en Bretagne, à Paris et à travers la France. Les publicités et campagnes de presse, après bien des hésitations, informent l'opinion.

Enquêtes policières sur place et commissions rogatoires à Paris ou à La Gacilly ne le dissuadent plus. Un comble : les procès, défendus par des ténors du barreau tel maître Fleuriot, se concluent souvent par des amendes et renforcent la renommée de la marque. Comme cette fameuse audience du tribunal correctionnel de Vannes en mai 1958, qui devient une extraordinaire opération de promotion.

En accord avec Yves Rocher, Gaston Renaud invite la presse à venir couvrir le litige. Il y a là de belles signatures de *Paris-Presse*, d'*Ici Paris*, du *Canard enchaîné* et les radios... La salle d'audience du palais de justice de la préfecture morbihannaise, en effervescence, a rarement été autant prise d'assaut par les médias et les curieux. Pour mettre la presse dans les meilleures dispositions, Gaston Renaud organise une visite du golfe du Morbihan en vedette et offre un repas gastronomique à base de fruits de mer. Au dessert, un dossier contenant des lettres de félicitations des utilisateurs de la pommade est remis aux convives, comme par hasard !

En mai 1958, mois de la prise de pouvoir du général de Gaulle, les préoccupations des chroniqueurs et des Français sont tournées vers l'avenir du pays. Pourtant, le procès Rocher de Vannes passe à la une de plusieurs publications, parfois en deuxième sujet majeur de la page. Quelle promo !

*
* *

Yves Rocher comprend que sans bonne communication il n'y a pas de réussite commerciale. En s'installant à Paris, il en fait une priorité et délègue à Gaston Renaud cette responsabilité qui conditionne le succès. Celui-ci est vraiment l'homme de la situation. Il a un sens inné du contact humain et se définit d'ailleurs comme le « contact-man ». En sollicitant son vieux camarade de collège, Yves Rocher, qui a le don de détecter les compétences, gagne du temps pour séduire les grands médias et conduire sa stratégie, fine et efficace.

À l'époque, le concept de *public relations* n'est pas encore généralisé. Les Gaciliens lui donnent sens.

Il faudra de la patience. Et surtout beaucoup d'humilité. Au cours de leurs visites, les hommes d'affaires bretons apprennent à s'endurcir. Ils sont souvent éconduits, voire ridiculisés et ressentent à leur égard une certaine condescendance. Ils en souffrent, sans le laisser paraître.

En bonne logique, les journalistes des revues spécialisées santé sont les premiers contactés. Mais les directions des magazines concernés, dont celle de *Guérir*, ne les prennent pas au sérieux. Les entretiens tournent court et les négociants bretons comprennent vite qu'ils ne doivent rien espérer des experts.

« Puisque ces messieurs ne veulent pas de nous, allons voir les généralistes », suggère Gaston Renaud pensant que la meilleure des communications est celle qui, en vulgarisant le contenu, atteint le grand public et traverse toutes les couches de la société. Yves Rocher partage cet avis. Les deux démarcheurs souhaitent maintenant convaincre les quotidiens ou les hebdomadaires nationaux les plus en pointe. En toute bonne foi, ils s'adressent d'abord à ceux qui ont déjà accepté de leur prendre une publicité, sans flairer les objections qui peuvent leur être opposées.

N'étant pas du métier, ils ignorent que la presse est soumise à des règles déontologiques strictes. Les délimitations entre les rédactions et les régies sont souvent rigides. Les journalistes veillent et revendiquent leur indépendance face à la pression de l'argent qui ne doit pas interférer dans le traitement objectif et rigoureux de l'information. Appuyés par leurs syndicats, ils veulent dresser des barrières infranchissables entre le rédactionnel et le promotionnel.

Les premières rencontres sont froides et distantes. En écoutant ces Bretons, les rédacteurs expriment une certaine méfiance et répètent sans cesse : « Pas de confusion entre les deux genres. Nous ne faisons pas de comm'. Nous voulons de l'info, vraie parce que vérifiée... » Ils savent aussi que des procédures judiciaires sont en cours. Raison de plus pour rester sur leurs gardes : « Nous ne voudrions pas être poursuivis pour complicité d'actes enfreints d'illégalité... », objectent-ils.

Les deux ex-Cœurs vaillants – Gaston Renaud l'était aussi – ne sont pas du genre à se résigner. Ils se renseignent et hantent les couloirs des grands titres en réussissant à convaincre des reporters qui partagent leur sensibilité sur les produits naturels et les plantes. Ils tissent même avec certains d'entre eux des relations amicales, si bien que progressivement la pommade Rocher réussit enfin à trouver place dans leurs colonnes.

Pour gagner définitivement cette bataille de la communication, Gaston Renaud sort le grand jeu. Yves Rocher lui donne carte blanche, car de son côté le fondateur est très accaparé par la production, la commercialisation, les projets nouveaux, les soucis avec les instances judiciaires et médicales...

En quelques mois à peine, le « contact-man » au tempérament décidé a balayé tous ses complexes de petit provincial intimidé et évolue à l'aise dans l'univers compliqué de la presse. Tenace, il ne se laisse jamais impressionner par les divas de la plume et ne cesse de faire le siège des rédactions. En fin de journée, quand les deux amis épuisés font le bilan, le moral n'est pas toujours merveilleux :

« Alors, comment ça s'est passé ?

— Mal. J'ai été renvoyé plusieurs fois. Les journalistes ont d'autres priorités et ne nous prêtent pas beaucoup attention.

— Il faut insister. Ça va venir », encourage Yves Rocher.

L'entêtement finit par payer. Gaston Renaud parvient à se faire accepter du milieu, ce qui permet de monter des opérations en vue d'installer la marque au niveau national. Le jeu de la concurrence entre les titres facilite la sensibilisation des supports rédactionnels et les hommes d'affaires bretons commencent à compter un certain nombre d'amis parmi les journalistes renommés.

Un jour, Gaston Renaud réussit à convaincre le directeur de *Jours de France* de publier un texte. Contre toute attente, celui-ci donne un avis favorable en déclarant ne pas vouloir tenir compte des interdits juridiques. L'engagement vaut de l'or, car le directeur en question n'est autre que le général de Bénouville, ce grand résistant proche du général de Gaulle. Un feu vert de sa part pour un publireportage dans les pages du prestigieux hebdomadaire de Marcel Dassault a force de laissez-passer pour les autres titres, qui peuvent maintenant se sentir à l'abri des poursuites. « En tous les cas, l'accord fera jurisprudence en notre faveur. Les autres patrons de journaux ne pourront plus venir nous dire qu'ils prennent des risques en nous ouvrant leurs colonnes », souligne Gaston Renaud en rapportant l'heureuse nouvelle à Yves Rocher.

Il n'existe pas de presse sans investigation. Les journalistes, intrigués par la formule de la pommade, cherchent à connaître la composition et les techniques de fabrication. Ceux qui ont entendu parler de la ficaire supposent que cette plante recèle des propriétés particulières pour relever les sauces des plats cuisinés ! Mais soigner ? Les maîtres du grenier ne commentent surtout pas. Le procédé, pourtant très simple, reste protégé à l'intérieur des murs de la rue Saint-Vincent. Ce secret bien gardé constitue en soi une prouesse.

Sans avoir fait appel à un cabinet spécialisé, les deux hommes d'affaires sont toujours en train de cogiter et inventent des stratégies de communication inédites. De semaine en semaine, ils séduisent toujours un peu plus l'opinion. Yves Rocher et Gaston Renaud imaginent en rafale des campagnes originales dans les titres les plus populaires. Un jour, un publireportage utilise les lettres de félicitations des clients. Un autre jour, une publicité vante les qualités thérapeutiques du produit.

Des messages percutants sont conçus après avoir pris conseil discrètement auprès de médecins pour crédibiliser le contenu. Yves Rocher sollicite fréquemment son cousin Joseph Ricaud qui lui donne des avis judicieux.

À chaque étape du plan de promotion surgit une nouvelle idée. Le « feuilleton » conçu par les deux hommes aurait pu être nominé au Grand Prix Stratégies de la publicité s'il avait existé à l'époque.

Le principe est simple. Dans quelques hebdomadaires bien choisis, des pages entières sont achetées pour imprimer un publirédactionnel décrivant les symptômes de ce mal intime dont il est inconvenant de parler. Il donne la parole à des médecins et à des malades qui témoignent des gênes ou des souffrances. Le lecteur s'attend à découvrir le remède mais, en fin de page, la conclusion annonce que celui-ci sera dévoilé dans le prochain numéro. En entretenant le suspens, cette technique astucieuse booste les ventes du prochain journal et suscite la curiosité sur la pommade Rocher. Ces Bretons obstinés ont ainsi gagné cette belle campagne de pub dans un milieu souvent hostile.

Yves Rocher, le petit commerçant de La Gacilly, ne s'est pas laissé impressionner par le microcosme parisien. Il lui a certainement fallu une sacrée dose de convictions pour attirer à sa cause les réseaux complexes et fermés des médias nationaux. Il a agi sans compromission, avec un sens aigu de la relation directe et une connaissance intuitive des hommes. Et, s'il lui arrivait de douter, le grenier était toujours là pour lui rappeler les repères fondamentaux et le sens qu'il donnait à sa démarche.

Les résultats exponentiels des ventes ne pouvaient que l'encourager au dépassement de lui-même. Au grand dam des juges et des ordres professionnels, le commerce de la pommade dépassait toutes les espérances. En cette année 1959, le socle était posé. La stratégie marketing avait donné l'élan. Et Yves Rocher travaillait maintenant au projet de création d'une usine à La Gacilly, en ayant déjà en tête des perspectives de diversification. Les Gaciliens n'étaient pas au bout de leurs surprises...

CHAPITRE 8

LES RACINES DE LA BEAUTÉ

1959 ! Une année marquée par des mutations significatives dans l'évolution de notre société. L'entrée en vigueur du marché commun ouvre des horizons pleins d'espoirs. Les mœurs se débrident : les jeunes se déhanchent en dansant le hula hoop, les beatniks font leur apparition, la poupée Barbie vient de naître... La femme moderne est en marche. Elle ne tardera pas à revendiquer davantage d'émancipation.

Yves Rocher hume l'air du temps. Quatre ans à peine après le lancement de sa fameuse pommade, il se montre impatient d'amorcer de nouveaux virages. Pour ne manquer aucun rendez-vous, il veut « se réinventer chaque jour », comme le dira plus tard son slogan. Mieux, il entend donner libre cours à ses intuitions et tracer le chemin, en prônant la beauté par les plantes. Bien avant l'heure, il fait prendre conscience de la dimension écologique qui influencera notre mode de vie une trentaine d'années plus tard.

Le grenier devenant trop petit, Yves Rocher décide de changer d'échelle et d'affirmer sa réelle vocation. Contre l'avis du maire, qui craint la montée du communisme dans sa commune avec la création d'une usine, il décide d'installer, près du ruisseau les Brelles, des « laboratoires de biologie végétale » en promettant le recrutement d'une cinquantaine de personnes.

« Laboratoires de biologie végétale » ! L'expression est probablement prétentieuse. À l'inauguration de mai 1959, il s'agit plutôt d'un hangar aménagé aux Brelles grâce à l'aide d'un certain nombre d'agriculteurs venus aider à creuser les fondations. N'empêche ! Officiellement, le groupe Yves Rocher est né. La proclamation cette année-là de la cosmétologie naturelle n'est pas la seule originalité. L'ingénieux patron a aussi conçu et développé le concept de la vente par correspondance, qui sera la signature de sa réussite. Les meilleures écoles de marketing reprendront et étudieront plus tard cette nouvelle méthode de commercialisation.

Yves Rocher agit pour La Gacilly tout en regardant loin. L'unité qu'il vient d'ouvrir n'a de sens que si elle rayonne en France et au-delà des frontières. Dans sa tête, il est déjà à un millier de kilomètres et s'est mis en tête d'exporter sa fameuse pommade : « François, il faut que tu partes en Allemagne. J'ai besoin de toi là-bas. Je crée un bureau à Cologne. »

François, qui travaille depuis peu dans la société, dissimule mal sa surprise. En entrant au grenier, il espérait rester au pays. Mais si le patron le lui demande, c'est qu'il a ses raisons et qu'il lui fait confiance.

« À Cologne ?

— Oui. Il faut profiter du marché commun. De Gaulle et Adenauer veulent développer les échanges entre nos pays. On va saisir l'occasion.

— J'espère que nous n'aurons pas les mêmes ennuis qu'en France !

— Heureusement, en Allemagne, la législation est beaucoup plus souple. Nous ne devrions plus avoir d'interdits. Au moins, là-bas, les juges français saisis par les pharmaciens ne pourront plus nous embêter et nous atteindre.

— Je pars pour combien de temps ?

— On verra. Le temps de lancer la fabrication de notre pommade. »

François accomplit sa mission en quelques semaines et, comme en France, le remède, commercialisé sous le nom de Dishemo, obtient un succès rapide.

À Cologne travaillent une dizaine de personnes. Le patron de La Gacilly pense avoir enfin trouvé la solution pour rester à l'abri des procédures. Pour contourner les circuits juridiques et en finir avec le harcèlement des autorités, les clients français sont invités à adresser directement les commandes en Allemagne. Le procédé est judicieux, mais d'autres menaces ne tardent pas à balayer les espoirs.

Sous prétexte d'une nouvelle réglementation, les douaniers entrent à leur tour en action et prennent la relève des policiers et des gendarmes, comme s'ils avaient reçu la consigne de gêner l'entrepreneur breton. L'engagement des poursuites s'appuie sur une circulaire récente du ministère des Postes qui les empêche d'encaisser leurs mandats Colbert. La disposition en question stipule plus précisément que les recouvrements des fonds émis en dehors du territoire national sont interdits. Pour la société morbihannaise, c'est le pépin, car elle risque soudainement d'être coupée de ses recettes. Mais Yves Rocher ne se laisse pas impressionner. Avec son équipe, il décide de contourner l'obstacle en mettant sur la route une navette spéciale chargée de ramener au siège les bons d'achat et les mandats-lettres pour y être traités.

Les hommes en bleu ont compris le subterfuge et ont dans le collimateur cette voiture souvent interceptée à la frontière. C'est qu'ils ne plaisantent pas, ces messieurs. Gaston Renaud lui-même en fait la triste expérience. Une arrestation virile avec une brigade frise le grave incident. À Givet, dans les Ardennes, le compagnon d'Yves Rocher, qui n'a jamais connu semblable mésaventure, est appréhendé comme un contrebandier surpris en flagrant délit. Les représentants de la force publique le placent en garde à vue. Leurs admonestations le mettent hors de lui et il s'en faut de peu que les antagonistes n'en viennent aux mains. Les gabelous ont découvert les mandats Colbert d'un montant total de 30 000 francs. Confortés par le flagrant délit, ils refusent d'entendre les arguments de l'homme d'affaires furibard. Gaston Renaud est interrogé, menacé. Les fonctionnaires ont également récupéré sur lui un carnet avec plusieurs adresses à l'étranger et veulent tout savoir sur ses relations avec les correspondants. La situation devient fortement inconfortable pour le prévenu qui s'attend à être retenu en « pension » dans un local étroit, sans fenêtre et sans issue. Il lui faut absolument avertir Yves Rocher, mais comment ? : « J'avais 12 francs en poche. J'ai demandé qu'on m'achète une soupe et une bouteille de cognac que j'ai offerte à l'un des gars chargés de me garder. Il me paraissait sympa. Il a bu la moitié de la bouteille et je lui ai demandé de me laisser sortir dans les couloirs pour me dégourdir les jambes. J'avais, bien sûr, ma petite idée en tête. Dès que j'ai aperçu six types qui descendaient d'une Simca Versailles, je les ai implorés : "Composez Gutenberg 02 09 et dites : Renaud au trou." »

En quelques heures, les événements se précipitent. Yves Rocher mandate un ténor du barreau de Paris qui met en demeure les douaniers de procéder à la libération sur-le-champ de son client et menace d'en appeler aux plus hautes autorités s'ils n'obtempèrent pas. Les officiers sont furieux et ne comprennent pas comment la nouvelle de l'arrestation a pu fuir jusqu'à Paris. Au bout de vingt-quatre heures, Gaston Renaud peut reprendre le volant, en ayant la désagréable surprise de retrouver sa voiture complètement désossée !

Le patron de La Gacilly ne laisse jamais tomber les amis quand ils sont en difficulté. Discrètement, il intervient en recours et n'hésite pas à solliciter de brillants avocats ou à faire jouer ses contacts pour parvenir à ses fins. Mais l'incident des Ardennes a pris une mauvaise tournure et Yves Rocher s'inquiète du climat délétère. Atteints dans leur honneur, les douaniers ont fait savoir qu'ils lançaient un mandat d'arrêt contre Gaston Renaud. À leur hiérarchie, ils ont annoncé qu'ils ne laisseront pas tomber le dossier. Yves Rocher estime qu'il est grand temps de mettre fin au différend. Il veut tout entreprendre pour éviter à l'avenir d'autres accrochages de cette nature. « Je te couvre, mais il faut maintenant que tu les rencontres et que tu débloques cette situation », conseille Yves Rocher à son ami.

Gaston Renaud se présente à la direction générale. Deux inspecteurs en possession des pièces à charge l'attendent. La déposition se déroule sereinement. Les fonctionnaires se montrent ouverts au dialogue. Puis, le grand patron téléphone et demande à le voir : « Bonjour, Monsieur Renaud. Heureux de faire votre connaissance. J'ai entendu parler de vous, ailleurs qu'ici... Vous ne le savez pas, mais je suis lorientais. Entre Bretons, on devrait pouvoir s'arranger », dit-il en riant. Les deux hommes sympathisent et décident de finir la journée au restaurant pour parler du pays...

En prenant connaissance du compte-rendu de Gaston Renaud, Yves Rocher est enfin rassuré. Il craignait que, sans arrangement, l'encaissement des recettes ne devienne de plus en plus compliqué. Au risque de gêner considérablement la poursuite des activités.

La Justice est une grande dame qui sait se montrer patiente. Les tribunaux continuent de s'acharner contre les pourfendeurs de la médecine institutionnelle. Les juges multiplient les pénalités financières de 2 500 francs de l'époque. L'entrepreneur fait face. Il provisionne même une somme spéciale dans les comptes d'exploitation pour couvrir les condamnations et éviter de mauvaises surprises à la clôture des bilans : « Je n'ai jamais mesuré l'audace nécessaire pour avancer, car il y a toujours quelque chose de nouveau pour aller plus loin. »

Cet aveu résume bien la détermination de cet homme et illustre parfaitement la période des années 1960 au cours de laquelle le patron de La Gacilly s'engage et lutte sur tous les fronts. Heureusement qu'il a su choisir son équipe. Le chef d'entreprise sait pouvoir s'appuyer sur la solidarité sans faille de ses fidèles du grenier et sur celle des nouveaux qui le rejoignent. Il accorde une priorité absolue au choix des hommes et démontre une aptitude exceptionnelle pour détecter en chacun qualités et faiblesses. Suscitant l'adhésion, dans la confiance, il constitue une garde rapprochée qui ne compte jamais son temps, ne trahit pas face aux juges, aux pharmaciens, aux policiers ou aux douaniers. Elle le suit les yeux fermés, sur des sentiers parfois hasardeux.

Les « compagnons » ne sont pourtant pas ménagés. La pression est forte. Sans rechigner, il leur faut sans cesse s'adapter aux imprévus. Tenter de dissimuler leurs activités quand surviennent les policiers. Mais cette illégalité corporative ne les ébranle pas : ils ont la conscience pour eux et sont convaincus de servir une cause respectable, quoi qu'en pense l'ordre des pharmaciens.

À chaque jour, son défi. « Quelque chose de nouveau pour aller plus loin », a écrit le patron. Mais où ? Jusqu'où ? Les salariés qui ont choisi de cheminer aux côtés de cet homme, parti de rien, ne se posent plus ce genre de questions. Ils se contentent d'enregistrer les avancées. Toutes les réalisations qui naissent sous leurs yeux à un rythme incroyablement accéléré leur apportent la preuve que plus rien ne peut arrêter cette marche en avant.

La réussite de la pommade en France, l'installation à Cologne, la création d'un laboratoire à Aubervilliers, la pose de la première pierre de l'usine des Brelles à La Gacilly en mai 1959. Et le fameux Climamask ! Quelle cadence effrénée ! Une cadence que chacun admire et se promet de suivre...

*

* *

Quel nom bizarre : Climamask !

En Allemagne, Yves Rocher rencontre, à Bonn, l'attaché commercial de l'ambassade de France : « Alors, Monsieur, vous vous installez ici ? Vous avez raison. Dans ce pays, le marché est ouvert et, à l'heure de l'Europe, il faut aller de l'avant. »

Yves Rocher, toujours prudent et économe de ses paroles, laisse le diplomate, beau parleur, poursuivre son propos : « Je connais vos difficultés avec l'ordre des pharmaciens pour commercialiser, en France, votre pommade. Outre-Rhin, la législation est beaucoup plus souple et vous n'aurez pas de problèmes de ce genre. Mais, attention ! la partie sera serrée. Vous savez que les Allemands sont très forts dans les domaines de la chimie et de la pharmacie ! Au fait, avez-vous entendu parler de cette trouvaille du docteur Hirtz ? Il a conçu un appareil extraordinaire contre les bronchites et les maladies respiratoires. Je vous conseille d'aller le voir. »

Intrigués, le P-DG de La Gacilly et Gaston Renaud rencontrent le directeur de la société de matériel médical installé à Cologne. Ils prennent aussi contact avec le médecin, qui leur explique les bienfaits de son invention. Les deux hommes, séduits par les premiers tests, se disent prêts à acheter la licence pour l'exploiter en France. Comme pour la pommade, Yves Rocher confie à son ami le lancement et la commercialisation de cette invention. Le slogan du Climamask résume ses propriétés : « L'air sec et chaud du Sahara. » L'appareil est un inhalateur électrique qui fonctionne à base d'essence de pin. Tenu par une sangle, on le place sur la bouche et on aspire tout simplement. Une mèche chauffe l'azulène et la térébenthine.

Yves Rocher et Gaston Renaud lancent la campagne de publicité avenue Foch, sensibilisent la presse, multiplient les publireportages. Ils procèdent comme pour la pommade mais, cette fois, avec un accord tacite des pouvoirs publics. La vente s'opère par correspondance. Et, surprise ! les pharmaciens, qui sont très sollicités, demandent aussi à le diffuser ! Bref, le succès assuré. Plus de 700 000 unités partent la première année.

L'Allemagne ne peut plus fournir suffisamment. Yves Rocher y croit tellement qu'il décide de transférer la production à La Gacilly. Une bonne partie du personnel est maintenant mobilisée à la fabrication et à la commercialisation de ce matériel inédit. Une trentaine de personnes assemblent et expédient l'appareil « miracle » pour soigner les rhumes et les bronchites. La pommade passe au second plan. À la fin de l'année, le grenier ferme. L'activité fondatrice est même interrompue en 1960, époque à laquelle le créateur rachète la société Martinet pour réaliser des moules et des pièces en plastique adaptés au Climamask.

Les résultats s'annoncent très prometteurs. Yves Rocher demande à François Naël de le rejoindre à Paris pour ouvrir un atelier de réparations boulevard Gouvion-Saint-Cyr. Le patron lui propose de venir un mois. Il y restera... trois ans, en prenant en charge diverses activités.

Mais l'euphorie ne dure pas. L'année suivante, les conditions climatiques particulièrement douces épargnent les santés. Le Climamask n'est plus le remède indispensable. Les ventes chutent. La société est au bord du dépôt de bilan. Yves Rocher sent le danger et décide de relancer sa fameuse pommade après un an et demi d'interruption. La réactivité et l'intelligence de revenir en arrière à temps sont les qualités indispensables d'un grand manager. Yves Rocher les a assimilées intuitivement.

François Naël n'a travaillé que trois mois à la réparation des appareils. Au début de l'année 1961, le patron lui confie une nouvelle mission :

« On arrête le Climamask, sinon on fonce droit dans le mur. Il n'y a qu'une solution : relancer la pommade. Tu vas t'en charger.

— Je retourne à La Gacilly ?

— Non, j'ai prévu un local boulevard Félix-Faure à Aubervilliers. C'est là que tu la fabriqueras.

— On doit tout reprendre à zéro ?

— Oui, tout remettre en route et réorganiser le ramassage des plantes.

— Et la justice ?

— T'en fais pas. Il faudra d'abord un peu de temps pour que les juges nous retrouvent ici, à Paris. D'ailleurs, la société sera mise au nom de Mesny, et Joseph Giboire en sera le directeur. Mais je serai là et je vous couvrirai.

— Qui viendra m'aider ?

— Tu embaucheras des gars. Marcel Boucher et Yannick Mesny pour le suivi administratif te rejoindront. »

François Naël constate que le P-DG a tout prévu. À lui maintenant de jouer, sans perdre de temps. Un camion par semaine livre la fabrication de milliers de tubes à La Gacilly pour que l'usine des Brelles assure ensuite les expéditions à la clientèle. Guy Étourneau, nouvellement recruté, est nommé responsable des achats de la ficaire, en veillant à bien garder les endroits secrets. Les ramasseurs sont répartis dans toute la France : au Mans, à Paris, à Toulon et dans toute la Bretagne.

Pour détourner les enquêteurs, Yves Rocher répartit géographiquement la production. Il en confie une partie à un ami, l'ancien joueur de rugby Delmouly, basé à Castelmoron-sur-Lot. Dans le Sud, la pommade est commercialisée sous le nom de « Baume des Pyrénées ».

Dans la même période, un laboratoire pharmaceutique officiel est créé à La Garenne-Colombes. Il s'agit de la Société d'études de chimie et de thérapie appliquées (Secta), qui fabrique des produits homologués, remboursés par la sécurité sociale. Le Figalax est le produit phare de cette unité. Un nouvel équilibre semble être ainsi retrouvé et la société se renfloue rapidement.

De son côté, la police judiciaire ne désarme pas. Un an après l'installation à Aubervilliers, elle retrouve François Naël auquel elle rend souvent visite. Celui-ci a pris des dispositions. Dès qu'il y a une descente, il s'arrange pour cacher les produits et envoie ses collègues au café d'à côté pour jouer au baby-foot. Sans trop insister, les enquêteurs se retirent. Il arrive que le responsable de la fabrication soit convoqué quai de l'Horloge pour confirmer... qu'il n'a rien à déclarer ! À La Gacilly, les interventions inopinées restent également fréquentes. Mais Yves Rocher commence à s'inquiéter. Les brillantes plaidoiries des avocats ne suffisent plus à colmater l'édifice. Le filet se resserre. Une dizaine de procès pour publicité mensongère ont été intentés. Les juges ont compris que les amendes n'étaient plus suffisamment dissuasives et envisagent de monter de plusieurs crans leurs condamnations. En 1963, le patron est mis en demeure d'arrêter la fabrication, sinon l'usine des Brelles sera fermée. La menace devient très sérieuse.

À une période où la population lui accorde de plus en plus de crédit, Yves Rocher craint d'être à nouveau touché en pleine ascension. Il ne pense pas à lui mais à toute cette population de La Gacilly qui, après tant de doutes et d'oppositions, s'est unie derrière lui. Il constate avec bonheur que les gens lui parlent avec respect et reconnaissance. Il est pour eux porteur d'espoir et ils le lui ont fait savoir en l'élisant maire en 1962.

Le bouche à oreille s'exprime en sa faveur. On le présente comme un patron crédible, créateur d'emplois pour le pays, soucieux du bien-être de son personnel. Il a même été attentif au recrutement de personnes handicapées : « Chez lui, on ne travaille pas à la chaîne comme dans les autres grosses usines où on prend moins en considération les salariés. Lui est soucieux de nos conditions de vie », répètent ceux qui ont laissé leurs terres pour le rejoindre.

Une centaine de salariés ont été embauchés à plein temps. Issus du monde rural, ils découvrent un univers cadré, apprennent la discipline d'entreprise et mettent de la bonne volonté pour s'adapter au mieux aux demandes du patron. Leur statut a changé, mais ils se disent dans l'ensemble satisfaits de cette reconversion. Victimes des évolutions, la plupart d'entre eux avaient été contraints de fermer les exploitations. Les difficultés financières étaient devenues insurmontables. Heureusement que l'usine procurait cette aubaine pour les tirer du marasme ambiant.

Pour eux, pour la mémoire de son père, Yves Rocher respectera sa parole et ne lâchera jamais, quelles que soient les intimidations de la justice ! « L'échec m'a toujours éperonné, il décuple la rage et le courage », écrira-t-il plus tard en évoquant ces années agitées.

*

*   *

Au moment où le vent tourne en sa défaveur en raison des positions radicales des juges, des proches bien placés dans les arcanes du pouvoir lui apprennent que le ministère de la Santé va accorder à sa pommade le précieux visa. Il aura fallu attendre près de dix ans pour obtenir ce tampon, objet de tant de désagréments... Le feu vert, susceptible de lui ouvrir de nouvelles perspectives, est enfin accordé à une période où Yves Rocher décide de prendre une autre orientation. En élargissant son domaine de prédilection, il veut consacrer toute son énergie à d'autres produits de bien-être et aux cosmétiques.

Depuis la naissance du grenier, le P-DG n'a cessé d'inventer. Combien de créations sont apparues sur le marché sans que la clientèle se doute de leur origine. Elles sortaient de son laboratoire pharmaceutique Secta à La Garenne-Colombes ou de ses ateliers. Toutes n'ont pas obtenu le même taux de réussite, mais sont révélatrices d'un esprit bouillonnant.

Yves Rocher lance l'Hémorrodine, apparemment plus crédible en raison de son nom médicalisé. Bien que ressemblant à la précédente, la pommade répond mieux aux normes imposées par les pharmaciens. Elle se vend correctement en France et se distingue à l'exportation. Guy Étourneau, chargé de sa commercialisation, en expédie une quantité impressionnante en Iran, pour équiper l'armée !

Le chef d'entreprise met aussi sur le marché une confiture laxative Figalax et un baume destiné aux sportifs, l'Algicelite. Ces produits proposés par les pharmaciens et remboursés par la sécurité sociale donnent satisfaction économiquement et sur le plan médical.

Dans le prolongement du succès du Climamask, un appareil original est placé dans les officines. Il s'agit du Ionoplast, conçu pour soigner les rhumatismes : le « GN 24 ». Sa conception est simple. Des bandes de tissu autocollantes équipées de feuilles d'aluminium propagent de l'électricité statique. Dans le même esprit, une valise « XL 17 » de galvanothérapie verra également le jour.

L'invention la plus cocasse s'appelle l'« Uricontrôle » ou encore « Stop-pipi ». C'est un instrument à piles glissé dans la couche-culotte de l'enfant pour signaler toute fuite à la maman, par un avertissement sonore.

À toute heure du jour ou de la nuit, l'industriel breton laisse ainsi vagabonder son imagination féconde. On apprend même un jour qu'il a lancé sur les chaînes d'un atelier, un ours en peluche ! Les idées fusent. Yves Rocher cherche et recherche, veut toujours expérimenter. Mais le moment est venu pour lui de clarifier et de resserrer ses intentions. Il ne veut plus se disperser. Il a trouvé sa vocation : le mieux-vivre.

Quand il s'agit de produits concernant la santé ou le bien-être, il sollicite, avant toute application, les avis des quelques amis pharmaciens, d'ingénieurs chimistes, de médecins ou de botanistes. Ce qui lui paraît maintenant fondamental, c'est le confort du corps, sa protection et sa mise en valeur. L'autodidacte se dit de plus en plus passionné par les plantes et enrichit à toute occasion ses connaissances. Il lit beaucoup, cherche, expérimente, consulte.

Yves Rocher le visionnaire tire les leçons des dernières années mouvementées, s'intéresse à la cosmétologie, moins soumise aux contraintes juridiques et administratives. En exerçant ces nouvelles activités, il peut enfin espérer se libérer du paramédical, objet de tous les ennuis avec les pharmaciens et les pouvoirs publics.

Aux amis, il explicite sa pensée : « En préconisant une pommade contre les varices, nous sommes poursuivis pour pratique illégale de la médecine. Par contre, si nous utilisons le même produit pour la beauté des jambes et de l'épiderme, on ne nous dit plus rien... »

L'angle est trouvé. Sans empiéter sur le domaine médical, la nouvelle stratégie s'appuiera sur un nouveau concept : la cosmétique végétale distincte de la cosmétique synthétique.

Yves Rocher a l'art de saisir la chance. Il pressent les mouvements, les fibrillations de la société. Le chef d'entreprise, en écoutant son intuition, anticipe les années annonciatrices du retour à la nature de Mai 68. Il affirme haut et fort la vocation de la marque. Elle devient tendance. La beauté prend racine. Et le génie commercial se charge du reste. Au laboratoire de La Gacilly, le patron pilote les travaux, en veillant à ne rien ignorer de tout ce qui bouge.

La rencontre avec un ingénieur dénommé Stankof va être déterminante. Les deux hommes, qui se connaissent depuis peu, partagent les mêmes centres d'intérêt. Le spécialiste russe a créé des onguents pour les soins de la peau dont on dit le plus grand bien. Le fabricant breton en a entendu parler et souhaite pouvoir les exploiter. Il engage des négociations qui aboutissent rapidement : l'inventeur accepte sans difficulté de livrer les formules au fabricant breton.

Réalisés à La Garenne-Colombes, quatre produits sont présentés à Paris en 1965 : une crème de jour, une crème de nuit, un lait placentaire démaquillant et une crème à l'arnica pour les mains. En peu de temps, la clientèle française est séduite.

« Avoir découvert les propriétés des plantes n'est pas notre plus grand mérite. Les avoir mises à disposition de tous est notre fierté », dira-t-il plus tard.

Une bonne commercialisation n'est concevable que si le produit est de qualité. Elle n'en est que plus efficace si la communication est soignée. C'est pourquoi Yves Rocher y consacre beaucoup de son temps et prend même la plume. Son *Livre vert* sera traduit plus tard dans vingt langues et en braille ! Mais convaincre la presse demeure son principal défi. Pas toujours évident. Comme pour le lancement de la première pommade, les médias expriment de fortes réserves sur le label « Rocher ».

Les premiers contacts sont déconcertants. Un professionnel de la publicité très en vue lui avoue sans nuances : « Des produits de beauté à base de plantes, vendus par correspondance, ça ne s'est jamais vu et on ne le verra jamais... » Quand il se tourne vers un autre publicitaire de grande renommée pour promouvoir les quatre produits créés par Stankof, le verdict est abrupt : « Je vous le dis très franchement, ça ne marchera pas. Votre nom, Rocher, ne s'y prête pas. Il fait penser à un caillou. Et proposer des produits de beauté bon marché, c'est un non-sens. Vous me dites que vous voulez les vendre par correspondance ? Non, vraiment je n'y crois pas. En acceptant votre budget, je serais malhonnête. Mais bonne chance quand même... »

Quel encouragement ! Même une tisane spéciale de son cru ne lui remonterait pas le moral. Mais il en faut davantage pour désespérer l'entrepreneur. Il sensibilise des journalistes connus ou des patrons de journaux avec lesquels il a sympathisé au cours de l'épopée de la première pommade. Plusieurs d'entre eux, amoureux des plantes et de la nature, lui accordent leur confiance et le soutiennent. Des reportages ou des campagnes de publicité sensibilisent l'opinion et vantent les mérites de la commercialisation à distance. Une première dans le genre.

Le procédé de la vente par correspondance se révèle ingénieux et performant. Contrairement à ce que pensaient les talentueux publicitaires, cette technique inédite, appliquée à si grande échelle, répond parfaitement à l'attente de la clientèle. Le circuit original de distribution, pratique, discret et relativement rapide, plaît aux consommatrices de la France profonde qui jusqu'alors se désintéressaient de la cosmétique, chère et réservée à la haute bourgeoisie. Yves Rocher veut démocratiser la beauté.

Selon lui, toute femme doit pouvoir bénéficier des soins et des adjuvants qui l'embellissent. Grâce à la nouvelle méthode d'achat, il propose de livrer crèmes et parfums à domicile, évitant ainsi les déplacements dans les boutiques de luxe qui exercent un monopole de fait. Les femmes de condition modeste ou du monde rural qui, par pudeur, ne voulaient pas être vues dans ces univers inabordables et ostentatoires peuvent enfin avoir accès, en toute liberté, à l'entretien du corps. Non, la beauté n'est plus sélective.

C'est le tabou qu'Yves Rocher propose de lever, en appliquant des tarifs bas et en garantissant une totale discrétion. « Chacune de nos clientes est une reine et doit être servie comme telle », donne-t-il pour consigne à son personnel. Tout est dit !

CHAPITRE 9

LA FORÊT NEUVE

De constitution fragile, ayant frôlé la mort à plusieurs reprises, Yves Rocher est préoccupé par son état de santé. Souvent affaibli par des difficultés respiratoires, il craint de ne pas pouvoir vivre suffisamment longtemps pour réaliser les chantiers qu'il lance sans s'accorder de répit. Une forme physique précaire explique aussi l'attention portée à la famille, aux proches et surtout aux fils. Souvent éloigné du domicile conjugal, il s'enquiert chaque jour de leurs nouvelles et se montre très attaché aux personnes qui pourraient aider Marie-Jo à les élever s'il n'était plus là. Les parrains et marraines n'ont pas été sollicités seulement par amitié ou par respect des conventions. Yves Rocher les a choisis parce qu'il veut être certain de pouvoir compter sur eux, au cas où...

Pour éviter les pépins, il observe une hygiène de vie stoïcienne. Parfois trop, et les conséquences peuvent être inverses du but recherché. Peu de temps avant une hospitalisation à Rennes, dans un état critique, il avait demandé à son épouse de cuisiner végétarien. Un ami l'avait convaincu des bienfaits du régime. Y avait-il un lien entre le nouveau mode de vie et le malaise intestinal qui avait justifié son transfert aux urgences ? Toujours est-il que les médecins, le trouvant considérablement amaigri et sans défense, lui imposèrent d'interrompre cette « cure » pour retrouver au plus vite des forces.

Des forces, il lui en faut pour mener de front tous les projets. Très exigeant pour lui-même, il l'est également pour la famille, obligée de s'adapter aux nécessités et aux imprévus.

En 1960, le magasin de la rue Saint-Vincent a été vendu pour être transformé en restaurant. Marie-Jo, les fils et la grand-mère Marguerite sont installés dans une maison achetée route de Redon. L'habitation sur trois niveaux, construite dans les années 1930, disposant d'un grand terrain, est baptisée « Les Mouettes ». En semaine, Yves Rocher ne l'occupe que très rarement. Il réside à Paris et voyage beaucoup. Les garçons sont aussi souvent absents. Après la scolarité à Saint-Jugon, ils ont rejoint le collège Saint-Sauveur de Redon où la pension ne les réjouit guère. Ils manifestent déjà un tempérament bien affirmé et revendiquent à leur manière une certaine indépendance en organisant des petites fugues qui inquiètent famille et amis. À distance, Yves Rocher s'informe quotidiennement de leurs activités et de leurs résultats.

De retour à La Gacilly en fin de semaine, le père emmène les enfants dans les bois. C'est dans ces instants privilégiés que les liens se resserrent entre eux et qu'ils apprennent à nouer une complicité indélébile. Les sorties bucoliques sont aussi l'excellente occasion de forger une culture commune, celle-là même qui inspirera la descendance dans sa démarche de vie. Daniel Rocher en parle avec émotion : « À la maison, mon père n'était pas très présent physiquement. Mais il donnait beaucoup d'importance aux promenades du dimanche. En marchant ou en s'arrêtant devant une plante, il nous racontait la nature, les hommes, la famille, citant souvent mon grand-père Joseph en exemple. Il en profitait pour distiller des conseils, par petites touches. C'était sa manière à lui de nous éduquer. Jamais dirigiste. Ni père Fouettard. Il voulait nous orienter avec souplesse et insistait discrètement sur les valeurs qui lui tenaient à cœur : la découverte de l'homme, le respect de l'autre, la confiance, l'humilité... Les mots étaient pesés. Il fallait les choper. »

Entre les années 1965 et 1970, plusieurs bouleversements d'ordre privé ébranlent l'édifice familial. Yves Rocher et Marie-Jo décident de se séparer et divorcent un an plus tard. C'est aussi l'époque où Yves Rocher achète au comte de Foucher de Careil « La Forêt Neuve », signe évident de la réussite de ses affaires.

La Forêt Neuve est un manoir dont l'origine remonte au XVe siècle. Implantée sur une colline dominant les marais de la commune de Glénac, la demeure était à l'époque un ancien relais de chasse appartenant au calviniste Paul Coligny de Rieux qui reçut, du 6 au 9 mai 1570, le roi Charles IX et la reine Catherine de Médicis. C'est en 1625 que le maréchal de Rieux, tuteur de la duchesse Anne, décida d'agrandir cette magnifique propriété qui fut ravagée par un incendie fin 1790. Dans le sinistre disparurent toutes les archives. Les familles Bellamy et Dumoustier rachetèrent les ruines en 1819 pour les céder en 1885 au comte Auguste de Foucher de Careil, gendre de Surcouf, qui procéda à la reconstruction.

L'édifice de style néogothique, de quarante-deux mètres de long sur vingt et un de profondeur, aux toits à longs pans en ardoise, se dresse sur deux étages, dont celui des combles. La façade, aux sept fenêtres par niveau, porte la noblesse de son histoire, sans fioritures vaniteuses. Dans la cour, les écuries transformées en chambres pour les enfants, petits-enfants et amis offrent de grandes capacités d'accueil. La petite chapelle du XVe siècle, avec sa charpente à liens courbés dans l'abside, témoigne fidèlement du passé. Autour sont répartis deux petites maisons d'habitation pour les gardiens ainsi que des bâtiments annexes et utilitaires.

*

* *

Dans l'existence d'Yves Rocher, la décennie 1970-80 est vraisemblablement l'une des plus heureuses avec celle qui suit.

La nouvelle usine de la Croix des Archers monte en production à une cadence accélérée et spectaculaire, la société se développe, les affaires tournent rond et le niveau de vie est confortable. Au sein de la famille, en compagnie des garçons et des amis, le propriétaire de La Forêt Neuve savoure, surtout l'été, les plaisirs simples des liens affectifs.

Pourquoi nier l'évidence ? Il se comporte en patriarche. C'est d'ailleurs un penchant naturel qu'il ne conteste pas et qu'il cultive certainement un peu...

En août, des fêtes familiales sont organisées. Parents, enfants, tantes, cousins et amis proches se retrouvent autour d'une grande table dressée au milieu de la cour d'honneur. Ces retrouvailles estivales s'inscrivent dans une tradition joyeuse : « Elles constituaient pour nous de grands moments de bonheur. Nous étions dix à quinze à partager les repas. L'ambiance était très gaie. On sentait que mon père était radieux et nous l'étions aussi », se souvient Daniel Rocher.

Même si Yves Rocher n'en fait pas étalage, l'imposante propriété suscite quelques jalousies ou commentaires aigres-doux. Le nouvel acquéreur se refuse à parler de « château ». C'est « La Forêt Neuve ». Mais dans des moments de tensions avec des agriculteurs, à l'occasion notamment d'achats de terrains, il lui arrive, dans des tracts, d'être comparé au Roi-Soleil. Rien ne le chagrine autant que l'image de l'arriviste qu'on voudrait donner de lui. S'il achète des biens prestigieux et luxueux à des emplacements renommés comme avenue Foch à Paris, c'est souvent par nécessité et pour le prestige de la marque. Il s'agit même d'une obligation pour affronter la concurrence et montrer qu'il possède les moyens de figurer dans la cour des grands.

À Paris, ces considérations comptent énormément, mais l'homme d'affaires supporte mal le paraître. Il appréhende les réceptions, les étalages de richesses, le microcosme artificiel. Yves Rocher n'appartient pas à ce milieu et se sent plus à l'aise dans les champs à discuter avec les paysans, dont il aime la compagnie. Les rencontres sur les terres de La Gacilly conviennent mieux à ses origines, à son tempérament simple et naturel.

L'achat de Glénac a été guidé par d'autres sentiments : la passion de l'histoire, l'appartenance au sol, le respect du patrimoine, la fidélité au pays, l'attachement à cet environnement qui redonne vie aux souvenirs de jeunesse... Au détour d'un sentier, il revoit les chasses nocturnes et entend encore le maître des lieux de l'époque en train de le surprendre et de le réprimander... Non, cette acquisition n'est pas celle de la vanité, mais celle d'un acte de foi qui lui permet de transcender, dans la réhabilitation de ce domaine, la fusion de ses émotions.

Tout au long de sa vie, le propriétaire accueillera dans ce lieu historique des habitants de la commune, des salariés. Il organisera des remises de médailles, tiendra des réunions de travail, traitera de dossiers municipaux avec les élus, recevra des personnalités... Démontrant ainsi qu'il ne faisait pas de cette demeure un bien personnel exclusif, mais qu'il voulait en partager la jouissance avec le plus grand nombre de ses concitoyens.

Pendant une quarantaine d'années, La Forêt Neuve deviendra le point fixe de sa destinée...

Son arbre de vie.

*

* *

L'intérieur illustre l'intention du locataire. Beau sans être luxueux. Seulement authentique.

La première salle, à l'entrée, n'a subi aucune transformation. Son style gothique a été préservé. Les boiseries datent du XVIe siècle et n'ont pas bougé. Tables, chaises et fauteuils Louis XIII sont disposés devant une cheminée monumentale dont le linteau date de 1584. À droite s'ouvre l'immense cuisine de couleur bleu roi, sans plan aménagé, au mobilier rustique. Dans la deuxième grande salle du rez-de-chaussée de cent vingt mètres carrés environ, Yves Rocher accueille ses hôtes. La première partie s'ouvre sur l'espace repas aux couleurs dominantes rouille orangé où se dressent, devant une cheminée blanche, une longue table de douze couverts et un ancien buffet peint. Une arcade à colonnes délimite les grands canapés du salon. Un buffet Boulle se détache sur des murs aux rayures claires. De grands tapis déployés sur le sol en parquet illuminent chaleureusement l'ensemble.

Une vaste pièce à la tapisserie verte sur fond blanc conclut l'enfilade. Yves Rocher y a installé un modeste bureau Louis XVI sur lequel il se retranche souvent. Un piano ancien vert foncé, à demi-queue, d'une grande originalité, d'aspect baroque, orné de scènes de vie rurale peintes et de dorures, reste definitivement muet.

Au cours des dernières années de sa vie, Yves Rocher utilisera le rez-de-chaussée pour travailler avec une petite équipe. Son directeur de cabinet Pierre Roussette, un collaborateur et la secrétaire sont installés dans deux autres pièces proches du bureau. C'est ici, l'après-midi, notamment à la fin des années 1990, que le P-DG suit les dossiers du groupe et que le maire règle les questions municipales. Il reçoit souvent les adjoints pour s'informer de l'avancement des projets locaux et accueille encore parfois des groupes pour marquer ou fêter des événements : le conseil municipal, des agriculteurs ou des salariés, l'amicale des Archers... La Forêt Neuve devient en quelque sorte, du printemps à l'hiver, le quartier général où il supervise, oriente et décide en prenant du recul, se protégeant des trépidations extérieures et mûrissant ses réflexions en toute sérénité. À 19 heures chaque jour, il met un terme aux entretiens pour s'installer dans le salon et écouter impérativement les informations régionales de France 3 Régions avant le dîner.

Un escalier monumental en schiste donne accès au premier niveau. Des sculptures et des œuvres achetées aux artisans artistes de la commune agrémentent harmonieusement paliers et marches. À gauche d'un long couloir s'alignent quelques chambres avec, au fond, celle du propriétaire, spacieuse, tapissée en bleu et bien exposée. Du lit disposé au milieu de la pièce, face à la fenêtre, la vue s'étend sur la campagne, à l'est, jusqu'au clocher de Saint-Vincent-sur-Oust. Yves Rocher ne se lasse pas d'admirer ce paysage lointain et verdoyant. Dans un fauteuil placé au bout du lit, il s'installe devant le petit balcon pour contempler la nature ou lire des ouvrages piochés dans sa bibliothèque. Ses préférences : l'histoire, de Gaulle, la dernière guerre mondiale, les grandes civilisations, les stratégies militaires, les œuvres de Montherlant qu'il apprécie beaucoup... Par intermittence, il plonge le regard sur le parc animalier où cohabitent des chèvres, des ânes et d'autres animaux qui peuvent aussi s'ébattre dans un petit étang aménagé sur la droite. Il prend un plaisir fou à observer la faune joyeuse se partageant l'enclos.

Le mobilier ancien de son espace privé est sobre : une commode Louis XV à côté de la bibliothèque, une vieille horloge à laquelle il tient beaucoup car elle est signée Berthaux, le nom du bijoutier de son enfance, rue Saint-Vincent. À l'autre extrémité, un bureau est adossé au mur sous une glace, et une table blanche ronde plantée derrière la tête du lit lui permet de déjeuner.

Dans un lieu aussi intime que la chambre transparaît la réelle personnalité de l'être. Le décor imprime la parole du cœur. Ni fard, ni artifice. Une vérité mise à nu. Chaque objet compte et exprime le for intérieur. Dans cet environnement dépouillé et simple, Yves Rocher a rassemblé tout ce qu'il a de plus cher. Son essentiel. Des photos des parents et grands-parents, des enfants et petits-enfants, des tirages de quelques grandes fêtes familiales. Sur le mur de gauche, proche de la fenêtre ouverte sur le paysage tant admiré, est accroché un tableau abstrait réalisé en avril 2003 par Noémie, la fille de Daniel, artiste-peintre. Posé sur le chevet, un cliché encadré de Dick. Son fidèle berger allemand, coiffé d'un canotier blanc, semble vouloir veiller sur son maître. Reste aussi à portée de main le livre de Jean-Claude Magré sur l'histoire de La Gacilly, lu et relu jusqu'à en décoller les pages. Au cours des dernières années, Yves Rocher sortait de moins en moins de sa chambre le matin. À 8 heures, au petit déjeuner, il consacrait un bon moment à la revue de presse, épluchant les quotidiens auxquels il était abonné.

Pour l'entourer et l'aider, il pouvait compter sur un personnel dévoué. Depuis 2002, le cuisinier Marc Greenfield, d'origine anglaise, lui proposait midi et soir une nourriture saine et à son goût. Marc Greenfield avait commencé par un intérim en été. Après sa formation, il avait exercé en Angleterre, à Paris, à Genève. Pour être bref, son passage à La Forêt Neuve n'en fut pas moins remarqué : « Monsieur Rocher souffrait du système digestif. Ma mère avait eu la même maladie et je connaissais le régime indiqué dans ce genre de situation. J'ai donc fait très attention à ne pas donner de produits déconseillés. Pendant deux semaines, monsieur Rocher s'est senti bien, n'a pas eu d'irritations et, avant mon départ, il est venu me remercier. » Peu de temps après, Marc est rappelé à Glénac. Il reprend du service en concoctant les plats préférés du maître de maison, tout en respectant les prescriptions médicales : « Il adorait la cuisine bretonne, du terroir, simple et naturelle, sans jamais de beurre. Je lui préparais des potées, des pieds de cochon, des têtes de veau... Il avait un faible pour les œufs très frais de La Forêt Neuve. Je lui procurais une grande joie quand, après les avoir ramassés, je venais les lui présenter dans un panier. Avant de passer à table, je lui annonçais ce que j'avais trouvé au marché. Je savais qu'en choisissant du poisson, des huîtres ou des palourdes, je ne me trompais pas. Il ne disait jamais non à mes propositions, mais l'exclamation "off !" signifiait qu'il n'était pas emballé. Quand ma suggestion lui plaisait, il répondait : "Ça me dit quelque chose..." Le soir, il voulait absolument un potage de légumes et le vendredi une galette avec un œuf, comme au temps de l'enfance. Même à Marrakech, il lui fallait ce plat breton. »

Quand il mangeait dans la salle, avec Dick près de lui, Yves Rocher s'installait au milieu de la grande table, face aux fenêtres pour voir les oiseaux et la nature : « Parfois, il lui arrivait de se sentir en forme et racontait des histoires en nous faisant beaucoup rire. Peu de gens savaient qu'il pouvait être très drôle... On adorait notre patron ! »

Avant les réceptions, l'hôte donnait son avis en répétant : « Simple, très bon, de saison et bio. » Le plus traditionnel des menus se résumait à des langoustines ou des huîtres, un gigot et des profiteroles.

Le cuisinier n'a plus quitté son employeur. Il s'installait à ses côtés, avec les soigneurs, même quand Yves Rocher partait à Marrakech pour huit mois par an environ.

Le domicile marocain n'était pas le riad que laissaient entendre certaines critiques médisantes. La grande et belle maison confortable se situait dans la palmeraie. Là-bas, l'attendait toujours Tonio, le fidèle compagnon qui lui avait fait découvrir la perle du Sud et la plaine du Haouz. Dans le passé, Tonio avait été le guide de Churchill et il connaissait beaucoup de monde en ville. C'est lui qui avait trouvé, dans le centre, la première maison d'Yves Rocher. Le Marocain avait gagné la confiance du chef d'entreprise breton qui l'avait chargé de l'entretien des lieux et de l'accompagnement dans ses déplacements.

Dans la ville rouge ou à La Forêt Neuve, l'homme âgé aimait se retrouver seul pour lire ou pour méditer sur son parcours peu banal. Quels souvenirs retenait-il de son existence ? Quelles leçons tirait-il de cette vie exceptionnelle ?

Des proches lui avaient suggéré de profiter de ces instants de paix pour prendre la plume et témoigner du fil singulier de sa destinée. Mais il ne le voulait pas, par pudeur sans doute : « Vous verrez cela plus tard », répondait-il en levant le bras. À l'approche de l'épilogue, il ne se voyait pas parler de lui à la première personne. D'autres s'en chargeraient… Et lui s'effacerait…

CHAPITRE 10

L'ÉCLOSION INDUSTRIELLE

S'il avait écrit lui-même ses mémoires, Yves Rocher aurait consacré un long chapitre à l'ouverture de la Croix des Archers, en octobre 1969.

Cette implantation avec 336 salariés, dont 150 anciens agriculteurs ou leurs épouses, représente l'acte fondateur de l'entrée de la marque dans l'ère industrielle. À La Gacilly, la population se réjouit de cette croissance fulgurante. Il n'y a pas si longtemps, en 1960, l'atelier des Brelles n'employait que 49 personnes. Plus rien n'arrête l'entrepreneur qui n'a que 39 ans !

À la coupure du ruban inaugural, les discours montrent l'incroyable ascension Rocher : le catalogue propose déjà 67 références de produits de soins, 20 de parfums et eaux de toilette, 62 de maquillage. 450 000 produits sont fabriqués mensuellement et, chaque jour, 2 200 colis partent de La Gacilly : 85 % par la poste et 15 % par la SNCF.

Les bâtiments restaurés de la nouvelle entreprise sont ceux de l'ex-société Privas qui a été fermée. Dans le contrat de rachat de 2,8 millions de francs, le fabricant de produits de beauté s'est engagé à reprendre le personnel. Ici, un rachat ou une reprise. Là, une création ou une ouverture.

À Paris, boulevard Haussmann, le premier magasin est installé. Les événements de Mai 1968 ont donné des sueurs froides au disciple du bien-être. La grève interminable de la poste a paralysé le réseau commercial et mis l'entreprise en péril. Yves Rocher a compris qu'il était trop dépendant du service public. Il ne veut plus prendre de risques et crée quelques mois plus tard dans la capitale le premier centre de beauté, suivi par ceux de Grenoble et de Lille.

Cette solution pour se protéger d'autres éventuels blocages fut l'occasion de mettre au point une nouvelle stratégie qui portera ses fruits, une vingtaine d'années plus tard, au point d'atteindre 1 500 enseignes semées dans 20 pays du monde.

« Mon père était un génie du marketing, remarque aujourd'hui Jacques Rocher. Il a inventé la cosmétique végétale, mais aussi la distribution maîtrisée avec la vente par correspondance, les magasins exclusifs et le web. Sa réussite s'expliquait en trois mots : accessibilité, naturalité, entreprise familiale… »

S'il était encore en vie, un compagnon de trente ans aurait pu témoigner dans le même sens. Marcel Boucher, un Gacilien pure souche de La Bouère, est recruté en 1959, après sept années passées dans les chasseurs alpins. C'est un homme direct et franc qui jouit de la confiance d'Yves Rocher. Il possède une excellente plume que le patron sollicite pour la rédaction des encarts publicitaires ou pour tous les autres textes de communication. Le chef d'entreprise lui confie aussi de lourdes responsabilités, principalement les tests.

Car Yves Rocher hésite à avancer s'il n'a pas un minimum de visibilité sur la justesse de ses idées. À cette époque, les sociétés d'études de marché sont rares et le fondateur préfère agir avec ses propres moyens. Avant tout lancement, il vérifie avec ses collaborateurs le bien-fondé d'un projet et Marcel Boucher est chargé de procéder aux évaluations. Sa fille Anne-Elisabeth se souvient : « En 1975, Yves Rocher se demandait ce qu'il adviendrait de sa société si un concurrent décidait de créer, comme lui, une marque de cosmétiques, vendue par correspondance. Il cherchait à se rassurer et à se protéger. Pour en avoir le cœur net, il décida de provoquer sa propre concurrence et confia alors à mon père la direction d'une nouvelle société : Loïc Le Querrec. Celle-ci ne vécut que deux ou trois ans, car l'expérience prouva que la société mère était relativement à l'abri des menaces extérieures. »

Anne-Elisabeth Boucher ajoute : « Mon père était admiratif de l'imagination de son patron, qui ne prenait jamais une initiative importante sans connaître les résultats de ses tests. Oui, c'était tout cela le génie d'Yves Rocher. »

*

* *

1969 restera la date repère des origines d'un tel rayonnement. La marque sort définitivement de l'ère artisanale ou PME pour atteindre une nouvelle dimension. Les exportations tournées vers la Belgique et le Canada donnent des signes encourageants.

La Gacilly redresse le torse ! L'homme, lui, ne change pas, même s'il se montre de plus en plus volontaire et déterminé à embrasser les grandes causes. Effacé, discret, il scrute de plus en plus loin et entraîne avec lui, dans un tourbillon d'idées et de projets, ceux qui ont compris qu'il pouvait les conduire aux limites du possible. « Rocher » innove en tous domaines, en s'arrimant à son village pour mieux conquérir le monde. Sa force est de porter attention aux faibles. De viser haut et de rester modeste. D'afficher des convictions et de douter. De concevoir global sans négliger les détails. De mettre en perspective en évaluant le présent. Et surtout de suivre ses intuitions fondées sur du rationnel.

L'heure est venue pour lui de libérer sa passion vouée à la beauté et à la santé. Érudit dans son domaine, Yves

Rocher prodigue des conseils. Peu lui importe si la Faculté en sourit ou lève les épaules avec condescendance. Lui y croit et n'économise ni son énergie ni son talent pour convaincre les hésitants. Interrogez-le ; l'esthète se montre intarissable : « Je vous assure que le coquelicot en infusion, en sirop, et même en bonbon, est recommandé pour les rhumes, les bronchites, les angines, l'asthme et la coqueluche. »

Yves Rocher fait parler l'Histoire : « Autrefois, le coq s'appelait "cocorico", et parce qu'il a la crête rouge comme les pétales de la fleur, cette onomatopée serait devenue plus tard et par déformation "coquelicot". Depuis l'Antiquité, on a mangé ses feuilles durant plusieurs siècles. Dès le Ier siècle, il était recommandé comme narcotique. Au XVIe siècle, les médecins l'indiquaient contre la pleurésie. »

Une autre préconisation ? La bruyère par exemple. Dans son ouvrage *100 plantes, 1 000 usages*, l'auteur la conseille pour les inflammations des voies urinaires, la goutte ou les rhumatismes. Il raconte aussi à son sujet : « Jadis, en Bretagne, lorsque les cours de ferme n'étaient pas goudronnées, la bruyère de la lande et les genêts jonchaient le sol en guise de bitume. Il existe encore, dans certains villages, des sortes d'auges de granit dans lesquelles étaient pilées les bruyères pour les donner en nourriture aux bêtes. La plante était très appréciée dans le monde rural pour ses vertus vétérinaires. Aujourd'hui, les paysans ne l'utilisent que pour en faire des balais et de la litière. Seuls les initiés ont recours à ses vertus curatives. »

Yves Rocher peut ainsi parler pendant des heures des petites et grandes histoires de dizaines de plantes qui inspireront d'ailleurs un livre, tiré plus tard à des milliers d'exemplaires. L'arnica et la lavande pour les affections des pieds, la gelée royale pour le visage... Ah ! comme il apprécie de partager avec ses contemporains les résurgences des bienfaits d'une « nature oubliée ou trop souvent méconnue » ! Mais le chef d'entreprise entend donner une résonance universelle à ses connaissances coutumières et intuitives. Il a maintenant dépassé le stade de la pharmacopée ancestrale. Son approche s'inscrit dans une dimension scientifique et industrielle.

En 1967, Christian Le Quellec, ingénieur chimiste, est recruté. Son rôle est de définir une méthode analytique et de développer le laboratoire de recherche consacré à la fabrication et au conditionnement de la cosmétique. Aux Brelles, le spécialiste dispose d'un espace de travail de neuf mètres carrés ! Plutôt étroit pour une telle mission ! Mais l'ingénieur sait qu'il doit se montrer patient : d'ici peu, il devra concevoir le transfert de son unité à la nouvelle usine des Archers. En attendant, il réfléchit aux moyens nécessaires pour tirer le meilleur des créations qui exigent beaucoup de finesse, même si, sur le papier, la composition d'un parfum se résume à 95 % d'alcool et à 2 à 5 % de mélanges d'huiles essentielles, dénommées aussi « composé aromatique ». De son côté, une pharmacienne poursuit des recherches sur les produits de santé. Un secteur qui se porte aussi très bien : trente nouvelles tisanes ont été placées sur le marché...

À cette époque, Yves Rocher est omniprésent. Dans les priorités de son agenda figurent les réunions-projets. Guy Étourneau, revenu de Paris en 1969 pour organiser le lancement de la nouvelle usine, se souvient de ces rencontres parfois tendues : « Quand le patron n'était pas d'accord, le ton montait d'un seul coup et pouvait même devenir brutal. Les retards ou les engagements non respectés l'insupportaient. Mieux valait éviter de s'avancer sur des chiffres s'ils n'étaient pas bons ou si on n'en était pas sûr. Des années après, il lui arrivait de vous les rappeler. Même ceux qui sortaient des grandes écoles étaient surpris et déstabilisés par sa maîtrise des chiffres. J'étais frappé par sa vivacité et sa grande capacité de réflexion. Les échanges en tête à tête ne duraient jamais plus de cinq à dix minutes et les réunions ne dépassaient pas deux heures. Il allait à l'essentiel, ne prenait jamais de notes. Yves Rocher fonctionnait au bon sens, s'appuyait sur sa connaissance des hommes et ne demandait que du concret. Il avait l'art de démonter ses interlocuteurs, en ne disant rien ou très peu. On se sentait alors obligé de meubler et c'est dans ce genre de situations qu'on exprimait des sottises. Ah ! oui, quand on était convoqué, il fallait être sûr de soi... »

Guy Étourneau sourit : « Au collège Saint-Sauveur, je n'avais jamais imaginé un seul instant que mon camarade de dortoir allait réaliser un tel parcours. Mais il était un homme d'exception et il a su rester très simple... »

*

* *

De 1970 à 1979, l'usine de la Croix des Archers participe à la montée en puissance du groupe et augure de la décennie suivante. Au cours des années 1980, le rythme s'accélère au point de donner le tournis. Des activités nouvelles et de diversification donnent à la marque Rocher la dimension d'une multinationale, en renforçant son axe : l'alliance de la science et de la nature valorisée par des méthodes de marketing novatrices et performantes.

« Une réussite hors du commun, vraiment exceptionnelle et spectaculaire », dit aujourd'hui René Ricol, qui fut son ami et conseiller. Il a bien connu le chef d'entreprise breton, « cet homme impressionnant, qui posait sans cesse des questions sur des tas de sujets »... L'expert-comptable, commissaire aux comptes, ayant assumé de hautes responsabilités économiques dans la sphère gouvernementale, ne cache pas une certaine admiration : « Dire qu'il n'avait aucune base : ni héritage, ni argent, ni diplômes... Parti de rien, on peut affirmer qu'il représentait un cas unique. »

René Ricol ajoute : « Ce patron avait une capacité incroyable à choisir les bonnes personnes. Il ne se trompait pas sur les hommes. Il était, bien sûr, exigeant. Ses collaborateurs devaient faire leurs preuves et se montrer efficaces. Yves Rocher accordait sa confiance, donnait une mission et demandait de toujours rendre compte. » Si René Ricol ne devait retenir qu'un mot pour définir ce personnage « multiple, réservé mais sans froideur », ce serait celui de « simplicité ».

Sans cette simplicité, le P-DG aurait peut-être eu plus de mal à franchir les obstacles qui se dressaient sur sa route. Car il y en avait aussi. Il pouvait arriver que certains dégénèrent en conflits. Comme à Ploërmel en 1982, au sujet du rachat de la Tréfilerie, une usine ayant déposé le bilan. Ou encore, en 1988, dans la rude bataille de la marque prestigieuse Petit Bateau, à deux doigts de couler.

Mais Yves Rocher avait l'art de traverser les crises, en ne perdant jamais de vue son fil vert : « Il faut toujours revenir à la nature pour s'assurer de la vérité », disait-il, préférant évidemment consacrer son énergie aux créations et au développement.

En 1979, le site de Rieux, en Bretagne, spécialisé dans la fabrication et le conditionnement de produits pour le soin et le maquillage, est ouvert. En une trentaine d'années, plus de 80 millions d'unités, réalisées par 270 salariés, sortiront de cette usine. Un an plus tard, le P-DG se tourne vers Daniel : « Il faut qu'on s'intéresse à la cosmétologie marine. Il y a de l'avenir dans ce secteur. Propose-moi quelque chose. »

Le fils se met aussitôt au travail en s'associant au docteur Joseph Ricaud, l'ami de la famille, qui lui prodigue de bons conseils. Il l'aide à découvrir et à aimer le grand large et l'oriente vers Houat pour lancer les premières recherches et concevoir le site de biotechnologie marine : l'Eclosarium. Le père sait qu'il ne se trompe pas en confiant ce projet à son deuxième garçon. Âgé de 26 ans, il a déjà bien bourlingué et fait ses preuves.

Après deux années de pension en Suisse pour raison de santé, Daniel, comme ses autres frères, a suivi une bonne partie du secondaire à la célèbre école internationale des Roches à Verneuil, en Normandie, principalement fréquentée par les enfants des décideurs de la politique ou de l'économie. Le jeune pensionnaire en garde un bon souvenir : « Il y avait un esprit militaire que j'appréciais. Dans cet établissement, je m'épanouissais surtout dans les matières culturelles et artistiques. Mon père avait décidé de nous mettre là pour nous préparer à l'international. Nous étions des petits Bretons ; il fallait nous habituer à sortir de nos frontières... »

Attiré par la musique, le bachelier devient disc-jockey à Paris et souhaite travailler dans un magasin de hi-fi. Yves Rocher l'écoute et ne le dissuade pas : « Il nous laissait vivre nos expériences et en tirer nous-mêmes les leçons. C'était sa manière à lui de nous respecter. À 18 ans, j'ai fait un stage d'une semaine et j'ai vite compris que l'univers d'un magasin était trop restreint. » C'est alors le début d'un parcours initiatique au sein du groupe. D'abord, des stages dans les usines puis à la comptabilité. Un peu galère, sans argent : « L'argent, disait-il, c'est comme l'eau : si on en a trop, ça pourrit les âmes... Dans son esprit, nous devions apprendre à nous battre. »

À 21 ans tombe le premier défi : « Envoyé en Belgique, je devais relever les ventes par correspondance. Il voulait que j'aille au feu ; j'ai été servi. Après trois années de belles bagarres, le système a été remis en marche et une nouvelle mission d'audit m'a été confiée aux États-Unis. »

Ce n'est qu'en 1981 que l'histoire de Daniel prend réellement naissance avec la création de Daniel Jouvance. Yves Rocher lui transmet un message : « Tu sais, les affaires, c'est comme une œuvre d'art, on la garde en soi et, quand elle est finie, on la livre... »

Sur le choix du nom de la société, une discussion s'engage entre les deux hommes : « Des proches collaborateurs de mon père voulaient l'appeler Kerjean et je lui ai avoué que je n'étais pas emballé. J'ai proposé Jouvance, le nom de ma mère, sa première femme. Il a souscrit, même si ce n'était pas évident puisqu'ils s'étaient séparés. » Daniel a toujours été attiré par l'eau et le monde marin. Dès l'enfance, le grand-père Jouvance l'avait initié à la pêche en rivière et en mer. Le docteur Ricaud, de son côté, lui avait fait partager sa passion des océans en l'emmenant de temps en temps à la côte.

Bien que ne le montrant jamais, Yves Rocher est confiant. Son cadet sera à la hauteur. Il sait que « ce n'est pas pour la sécheresse de l'argent » qu'il accepte cette responsabilité. La lettre de mission se résume à ces mots : « Je te donne ta chance dans une discipline que tu aimes et que tu connais bien. »

Le jeune fondateur, motivé, enrichit ses connaissances et assouvit sa curiosité : « Aux côtés du docteur Ricaud, nous avons commencé à travailler sur le plancton. » La recherche, certes, mais aussi les applications. La marque perce et s'affirme sur un certain nombre de créneaux. Des produits à base de planctons pour le visage et le corps sont créés. Des compléments alimentaires sont inventés. Un centre de thalassothérapie est ouvert à Pornichet. Pour la première fois en France, Daniel Rocher lance l'installation de quatre Spa, avant de les exporter. Sans délaisser le fondamental : autour de Daniel cogite une équipe pluridisciplinaire d'experts et de professeurs en dermatologie, algologie, biologie marine et cosmétologie.

Yves Rocher apprécie à distance, mais, fidèle à ses principes, n'exprime aucune congratulation. Entre le père et le fils, les relations sont évidemment complices, proches et affectives. Un jour, Daniel lui dit en plaisantant : « Je vais t'acheter une casquette. Est-ce que tu écriras dessus Boss ou Papa ? » Le père a souri. Il aimait ce genre d'humour.

Il y a deux ans, Daniel Rocher s'est éloigné du management de la société pour des raisons de santé. Il laisse un bilan évocateur : 137 produits en 2008 et 7,5 millions d'unités vendues en pharmacie ou à distance. Sans décrocher totalement, l'ex-P-DG a passé le manche à une nouvelle direction générale qui assure la continuité de la marque. Il est également membre du directoire du groupe.

Pour préserver l'esprit de la démarche d'origine, Daniel Rocher a créé la Fondation Daniel Jouvance, pour les études, la transmission et la protection des milieux marins. Il monte des missions à travers le monde et cherche des réponses à des mystères scientifiques : comment la xanthelle, une algue unicellulaire, influe-t-elle sur la longévité du corail avec lequel elle vit en symbiose ? Cette attirance du savoir ne l'empêche pas aujourd'hui de se consacrer à l'art, notamment à la sculpture et à la création de mobiles géants pendulaires. Entre deux voyages ou des croisières à la voile, ce personnage doté d'une grande sensibilité s'abandonne aussi à ses pensées philosophiques, voire mystiques.

*
* *

« Je n'aurais pas pu faire ce que j'ai fait pour Ploërmel sans Yves Rocher. En 1982, il a racheté une tréfilerie qui avait fait faillite. C'était le début de l'expansion économique de Ploërmel. Sans lui, rien n'aurait suivi. » Ce témoignage de reconnaissance est signé Paul Anselin, au décès de celui qui fut son patron quand il travaillait de 1988 à 1993 à la Pardib, une filiale financière qui levait des fonds propres chez les grands industriels bretons pour prendre des participations dans les entreprises en difficulté ou en croissance.

Dans l'exercice de ses mandats de maire, l'épisode de la Tréfilerie est peut-être celui qui l'a le plus marqué. Le projet déclencha de vives polémiques.

À l'origine, il s'agissait d'un sauvetage économique. Après la fermeture de la Tréfilerie des Forges de Saint-Armel, 130 salariés se retrouvèrent sans travail. Dans ce secteur du Centre-Bretagne, déjà sinistré, cette fermeture constitua une catastrophe. Yves Rocher proposa le rachat des dix mille mètres carrés de bâtiments et la reprise du personnel pour un coût de 7,5 millions de francs. Un article paru dans *Ouest-France* le 16 mars, soulignant que l'usine était vendue au quart de son prix, laissait entendre que le patron de La Gacilly réalisait une affaire financière au préjudice des Ploermelais.

Piqué au vif et fou de colère, le P-DG décida d'annuler la promesse d'achat et fit savoir qu'il s'intéressait à une autre proposition venant de Pipriac en Ille-et-Vilaine à un prix beaucoup plus intéressant de 900 000 francs. Paul Anselin, sa majorité et le conseil général ne se résignèrent pas à une telle éventualité et luttèrent vivement contre les oppositions partisanes qui soupçonnaient le « Seigneur de La Gacilly » de vouloir étendre son empire…

Après deux mois de tergiversations, l'accord fut conclu par une signature solennelle, en salle du conseil, le 5 mai 1982. Le comité local pour l'emploi et la section du Parti socialiste, avaient fini par prendre enfin position en faveur de la venue d'Yves Rocher, lequel préférait Ploërmel « pour des raisons affectives. » L'avenir donna raison aux défenseurs du projet. Pendant plusieurs années, l'entreprise, spécialisée dans l'envoi de courriers publicitaires, employa comme promis 150 salariés et traita plus de 70 millions de messages par an. Aujourd'hui, l'usine réalise 44 millions de produits de parfumage par an, correspondant à 3 millions de litres. La marque détient ainsi la première place des fabricants de parfums.

En reconnaissance au repreneur de la Tréfilerie, Paul Anselin, alors qu'il était encore maire, donna le nom d'Yves Rocher à l'une des places de sa ville.

Est-ce le désir inconscient du retour aux sources ou une fois encore son sens inné des affaires ? Cette même année de 1982, Yves Rocher se diversifie en créant une filiale d'activité textile. Il connaît bien ce secteur économique pour l'avoir pratiqué dans sa jeunesse rue Saint-Vincent. Il baptise la nouvelle société « Françoise Saget », une aïeule qui a vécu de 1680 à 1720 à Sixt-sur-Aff. Il demande à Édith Derroisné, sa nièce et filleule, de porter l'image de la marque, une manière de lui témoigner son affection. Pour mieux personnaliser le label, la photo d'Édith apparaît sur les dépliants publicitaires en portant le nom de ladite fondatrice Françoise Saget. L'entreprise spécialisée dans le linge de maison est installée aux Fougerêts, un bourg historiquement relié à La Gacilly où le grand-père Joseph venait collecter du lin et du chanvre. La boucle est bouclée !

En 1985, l'entrepreneur insatiable donne encore naissance à une nouvelle affaire. La marque « Docteur Pierre Ricaud » est destinée aux femmes de 35 ans et a pour but de maîtriser les effets du temps. Les recherches menées tambour battant permettront de concevoir 130 produits anti-âge, vendus principalement à distance. Treize instituts exclusifs seront aussi ouverts en France pour 900 000 clientes de l'Hexagone et pour 2 millions en Europe.

Un an plus tard, Yves Rocher monte une filiale « santé naturelle ». Il s'entoure de médecins et de pharmaciens pour proposer aux consommateurs des compléments alimentaires favorisant la minceur ou renforçant le capital osseux. Il sort aussi un produit nommé Juvartère à base de poissons des mers froides. Une fois de plus, il imagine, avec plusieurs longueurs d'avance, les bienfaits des oméga-3.

Kiotis signifie « quiétude » ! Joli nom pour une marque. Celle-ci a été conçue en 2001 par Jacques Rocher. Sa caractéristique : le développement de rituels de soins pour ressourcer, rééquilibrer son corps et son esprit, révéler la beauté de la peau. Pas moins de 170 produits aromatiques, des soins du visage, des parfums, du maquillage sont proposés en France, en Italie, Russie, Espagne et Mexique. 70 000 conseillères représentent aujourd'hui Kiotis par le biais de Stanhome.

Stanhome est une société qui a été créée aux États-Unis dans les années 1930. Son objectif était la vente à domicile des produits d'entretien et d'embellissement de la maison. En 1997, le P-DG de La Gacilly décide de racheter l'entreprise en reprenant à son compte la commercialisation d'une gamme de 400 produits d'entretien, auxquels seront ajoutés un peu plus tard ceux de Kiotis. Cette greffe a bien pris : aujourd'hui, 200 000 conseillères recrutées à travers le monde se rendent dans chaque foyer pour valoriser les articles. Et Stanhome est devenue la deuxième marque du groupe.

Plus originale, la galerie Noémie créée à Paris en 2001 par l'une des petites-filles du fondateur. Artiste peintre, elle allie sa passion à celle du maquillage et propose à Paris ou sur Internet ses œuvres picturales et ses produits de beauté...

À la fin de ces années 1980, le groupe Yves Rocher atteint une dimension internationale qui irradie toute la région. Promesse accomplie pour le fondateur. Fièrement les Gacilens ne cessent de répéter les termes de la lettre de candidature à l'élection de maire en 1962. « Un jour, La Gacilly sera prospère. J'en fais le serment. Vous serez juges. »

*

* *

Le petit commerçant de la rue Saint-Vincent a en moins de trente ans redonné vie, espoir, fierté à ce pays qui se mourrait. Il a apporté la preuve que la ruralité n'était pas un mal inéluctable, à condition d'avoir une vision, de la combativité et une passion folle pour son terroir.

Son engagement dans la politique a d'ailleurs répondu à cette volonté acharnée de défendre ses convictions. Dès le début, le candidat a inscrit dans ses programmes la priorité donnée au développement dans les zones dites de désertification. Il l'a affirmée avec force et légitimité. N'a-t-il pas lui-même montré le chemin ? « Non, l'industrie lourde n'est pas la panacée », répétait-il sans cesse. Dans des régions éloignées des grands centres urbains et des réseaux de communication, il fallait au contraire multiplier des unités industrielles, petites et légères. Comme celles qu'il avait disséminées dans l'est du Morbihan où à proximité du navire amiral de la Croix des Archers. Le canton ne comptait pas moins d'une dizaine de filiales dans un rayon de trente kilomètres. Cette politique avait si bien réussi qu'il avait même été nécessaire d'installer des feux tricolores à La Gacilly pour éviter les embouteillages du centre, le matin et le soir, à l'embauche et à la sortie du travail. Un comble !

« L'usine profite à tous les corps de métiers. Il faut aussi faire vivre les agriculteurs. » Yves Rocher accordait beaucoup d'importance à ce secteur, en raison notamment de ses origines rurales. Il en parlait souvent à Jean Bellamy, son premier adjoint qui, lui-même exploitant, soutenait loyalement les évolutions insufflées par le maire. Bien sûr qu'il appréciait le développement industriel, à dimension humaine, du canton. Il apportait du travail aux sinistrés de la terre. Mais cela ne l'empêchait pas de se montrer très inquiet sur l'avenir de ses camarades cultivateurs. Aussi, quand le premier magistrat l'encourageait à l'action pour sauver sa profession, il prêchait un converti. « Et si on leur demandait de cultiver nos fleurs ? » lui dit un jour Yves Rocher. Jean Bellamy ne s'étonne plus des suggestions de son mentor. À chaque rencontre, une idée jaillit. Jean Bellamy feint d'abord la surprise tout en considérant que le projet est certainement déjà bien avancé.

Yves Rocher a fait appel à Michel Cambornac, un ingénieur horticole de l'école de Versailles. Il travaillait à l'Institut d'expérimentation des plantes médicinales, aromatiques et industrielles de Chemillé, près d'Angers. Depuis 1977, il a souvent été sollicité à La Gacilly pour donner des conseils. En 1979, le P-DG décide de le recruter à plein temps pour étendre dans le canton la culture des fleurs nécessaires à la production de l'usine.

Méfiants, les agriculteurs, auxquels la proposition est soumise, craignent d'être grugés. Il faut l'aura et le talent de Jean Bellamy pour les convaincre de l'intérêt de cette reconversion. Sur le nombre, une douzaine d'entre eux acceptent de relever le défi. En suivant les conseils de Michel Cambornac, ils apprennent un nouveau métier, procèdent à de nouvelles plantations. Des séchoirs sont installés dans les fermes. Le changement nécessite beaucoup de travail minutieux, mais les avantages n'en sont pas moins réels. Les récoltes directement expédiées aux Archers leur assurent des revenus garantis à des prix correctement négociés.

Sont cultivés en priorité le bleuet, l'arnica, la camomille, le souci... Cette production répartie sur une cinquantaine d'hectares répond à 30 % des besoins. Pour le complément, la firme s'appuie sur des partenaires disséminés à travers le monde : Madagascar, Mali, Inde, Burkina Faso, Mexique...

Dans les années 1990, les successions se multiplient. Les héritiers préfèrent abandonner et revenir à leurs activités traditionnelles.

Pour faire face à cette nouvelle situation due à un certain nombre de désengagements, la société assure la relève en louant des terres et en profite pour s'adapter à la production biologique. Le groupe, précurseur sur les orientations écologiques, peut ainsi être certifié ISO 9001 et ISO 14001. Le plus bel exemple se trouve dans cette nouvelle usine des Villes Geffs qui a été conçue selon les normes écologiques, avec cette préoccupation constante d'intégrer la production à l'environnement. Aujourd'hui, dans le cadre des recherches, cinq ou six nouvelles plantes sont expérimentées par an.

Surprenante nature qui cache son potentiel infini. Uniquement à La Gacilly, une vingtaine de plantes différentes sont cultivées et, au total, 150 végétaux sont à l'origine de 700 produits différents créés dans l'entreprise. Yves Rocher le dit autrement : « La nature nous aide à fabriquer ce que le temps cherche à nous enlever. Nous cultivons nos propres plantes, pour que vous en récoltiez les bienfaits... »

Les deux Joseph Rocher, père et grand-père.

Yves Rocher, enfant. Le garçon que Joseph avait tant espéré.

En communiant. Trois années plus tard, Yves Rocher deviendra le chef de famille.

Joseph Rocher à 55 ans.
« Un homme digne » respecté dans le village.
Quand il décède en 1944, Yves n'a que 14 ans.

Yves Rocher (17 ans) tient dans ses bras
Édith (4 mois), sa filleule et nièce
qu'il protégera toute sa vie.

Le magasin, 2 rue Saint-Vincent où est né Yves Rocher. Il est inscrit sur la façade Chapelier-Teinturier. Sa chambre était située au premier étage à droite. Le « grenier » sera installé au deuxième niveau. C'est ici, dans des conditions âpres et modestes, que prendra naissance le groupe Yves Rocher.

Pose de la première pierre de l'usine des Brelles qui donne naissance au « Laboratoire de biologie végétale ». Assis sur les marches auprès de leur maman, les trois garçons et à l'extrême droite, Yves Rocher.

Avec l'ami Gaston Renaud.

Le docteur Joseph Ricaud. Ce cousin d'Yves Rocher sera son conseiller, son confident. Yves Rocher écoutait beaucoup ses avis.

Fête avec les salariés à la Forêt-Neuve.

Yves Rocher au milieu de ses trois fils.
De gauche à droite : Jacques né en 1957, Didier né en 1953 et Daniel né en 1954.

Yves Rocher ne se remettra jamais du décès de Didier le 23 décembre 1994.
Deux années plus tard, il dédicace cette photo qui sera affichée dans les usines.

Yves Rocher se rendait souvent à Timadeuc avec ses enfants et petits-enfants. Ici, en mars 1995, peu de temps après le décès de Didier ; un instant de recueillement avec le père Jean-Michel Attimont, Bris, Jacques et Daniel.

En 2001, Yves Rocher est réélu maire. Ce sera son dernier mandat. Son fils Jacques lui succédera. On remarque à sa gauche Édith Derroisné, sa filleule, adjointe.

21 janvier 2008, à l'Élysée. Yves Rocher reçoit des mains du président Nicolas Sarkozy la cravate de commandeur de la Légion d'honneur. Son fils Jacques est promu chevalier.

Bris Rocher, petit-fils du fondateur et président-directeur général du groupe Yves Rocher. Photo Gwenaël Saliou.

CHAPITRE 11

LE POLITIQUE

21 janvier 2008, salon d'honneur du palais de l'Élysée. Yves Rocher est fatigué mais heureux d'être là, entouré de tous les membres de la famille. Ils sont quinze : épouse, fils et filles, petits-enfants. Il y a des amis très proches, en nombre limité comme l'exige le protocole. Les adjoints du conseil municipal sont fiers d'assister à la cérémonie.

Jacques Rocher se tient près de son père, le soutient dans la position debout et immobile en attendant lui aussi d'être cité. C'est un rendez-vous « Rocher », au cœur de la République. Car il est également prévu d'« épingler » le nouveau maire de La Gacilly, promu chevalier de la Légion d'honneur, au titre du ministère de l'Environnement. La secrétaire d'État Nathalie Kosciusko-Morizet cautionne de sa présence.

À quelques mètres du groupe, un autre Morbihannais attend : Jo Briend, ancien maire de Pleucadeuc et ancien conseiller général, qui sera aussi distingué du ruban rouge.

Les remises de Légion d'honneur par le Président en ses salons ne sont accordées qu'exceptionnellement. Pour Yves Rocher, la question ne s'est pas posée, en raison de la dimension du personnage et de l'élévation du grade.

Le président de la République se fait toujours un peu attendre. Le protocole se charge de placer les invités en cercle et les récipiendaires sont légèrement détachés et alignés.

Nicolas Sarkozy entre accompagné de son chef de camp, salue rapidement les futurs médaillés et procède à la traditionnelle cérémonie. Il adresse à chacun un petit mot chaleureux, souligne les mérites qui justifient la reconnaissance de la Nation.

Pour Yves Rocher, il s'arrête longuement et prononce un discours rappelant « le parcours extraordinaire » du grand capitaine d'industrie : « Cher Yves Rocher, la Bretagne est justement à l'honneur dans cette cérémonie, terre de labeur, de ténacité et d'inventivité. Il aurait été inconcevable que vous, l'un de ses enfants les plus entreprenants, vous ne soyez pas distingué en ce jour. »

Après avoir fait allusion au cheminement du chef d'entreprise et évoquant au passage les « malheurs qui l'ont frappé », le Président ajoute : « Et puisque vous serez élevé au grade de commandeur de la Légion d'honneur, permettez-moi de souligner deux engagements forts, même s'ils sont moins connus : je veux parler de votre attachement à la commune de La Gacilly dont vous avez fait l'une des plus prospères de France et où vos concitoyens vous font confiance depuis votre première élection comme maire, c'était hier (!), en 1962. À cet égard, vous incarnez un capitalisme familial soucieux du territoire et très profondément ancré dans le sol de la France. [...] Je veux souligner la constance et l'ancienneté de votre engagement en faveur de la nature et de l'environnement avec des actions concrètes que vous parrainez. Je veux vous remercier au nom de la Nation pour tout ce que vous avez fait. »

Dans le communiqué publié à l'occasion des obsèques, Nicolas Sarkozy ajoutera deux ans plus tard : « Le chef de l'État tient aussi à rendre hommage à l'engagement citoyen de cet homme, passionné de politique, y ayant exercé plusieurs mandats en Bretagne, endroit qu'il aimait tant et où il y développait une partie des activités de son entreprise. »

Quelques années auparavant, Yves Rocher avait été décoré du grade d'officier dans des circonstances plus discrètes. Il n'était pas en forme et avait souhaité que ce soit un ami, le préfet Jacques Pennel, qui lui remette la médaille, en toute intimité dans une petite maison de campagne du côté de Malestroit.

Ces plus hautes distinctions illustrent les mérites de l'entrepreneur et ceux du citoyen engagé, même si l'image de l'industriel l'emporte aujourd'hui sur celle de l'homme politique. Yves Rocher s'est lancé dans plusieurs batailles électorales, en pesant à sa manière dans la vie publique.

Le premier mandat, celui auquel il tenait le plus, fut celui de maire de La Gacilly en 1962. Il portera l'écharpe jusqu'en 2008, en étant réélu à chaque fois avec des scores records. Dans les équipes, il intégrait des amis, des membres de sa famille, d'anciens collaborateurs de l'entreprise. C'était sa façon à lui de leur exprimer sa confiance, sa reconnaissance et... de disposer d'une majorité pleinement unie ! Au cours des quarante-six années, il n'a pratiquement jamais connu d'opposants dans l'assemblée locale.

En 1982, Yves Rocher se présente au conseil général, où il fera deux mandats jusqu'en 2001. Le premier score s'élevait à... 89,78 % ! Mais on le voyait rarement à l'hôtel du département. Le fauteuil restait souvent vide aux réunions plénières. Seule importait, pour lui, la prise en compte des dossiers de son canton qu'il avait à cœur de faire aboutir. « Sa présence était secondaire pour lui, compte tenu de ses activités. Il avait déjà tant donné au Morbihan... », dira plus tard, au moment des obsèques, François Goulard, ancien ministre, maire de Vannes. Avec le président Raymond Marcellin, les relations étaient courtoises et distantes. Ils se connaissaient assez peu, mais l'un et l'autre se respectaient. Il avait confié une fois à des proches qu'il se « méfiait du système

Marcellin », tout en admettant qu'il avait beaucoup de considération pour l'ancien ministre de l'Intérieur.

En 1992, le candidat de La Gacilly subit son premier échec, à la sénatoriale. Selon Paul Anselin, il avait été influencé par une personne : « C'était une erreur et je le lui avais dit : c'est une élection de notables et vous, vous êtes un marginal… »

1992, c'est aussi l'époque où l'industriel ambitionne de siéger au conseil régional, en axant sa campagne sur l'emploi. Sa liste « Faites bouger le Morbihan » obtient 13,3 % et arrive troisième sur les huit en présence, avec 40 053 voix. Les meilleurs chiffres, sans surprise, sont relevés dans les pays de Ploërmel et de Redon. Le maire de La Gacilly prend place sur les bancs du parlement régional avec son colistier, l'avocat Jérôme Aymé. Trop accaparé par le suivi de ses affaires, il demande à Guy Plunier, le troisième de la liste, de le remplacer.

Guy Plunier, né en 1930, est un personnage riche d'expériences, revenu en Bretagne en 1982, après avoir bourlingué à travers le monde pour Michelin. Il a connu Yves Rocher en classes de sixième et de cinquième à Saint-Sauveur puis ils se sont perdus de vue. Avec un bac de philo en poche, ce Breton aventurier devient directeur industriel et implante des unités Michelin dans les pays lointains, principalement en Asie. À son retour en France, il crée à Paris l'Institut économique. C'est à cette occasion qu'il retrouve son camarade de collège. Yves Rocher lui propose de le rejoindre en avril 1987 : « À l'époque, il caressait l'idée d'entrer en bourse. » Le patron le nomme directeur des relations extérieures. Jusqu'à l'âge de la retraite en 1990, il confie à Guy Plunier des missions, « souvent de lobbying », auprès des instances politiques, en France et à l'étranger. Il est aussi associé à des réunions de réflexion : « Je me souviens de cette rencontre à La Forêt Neuve à laquelle participait Jean-Pierre Le Roch, le P-DG d'Intermarché. C'est ce jour-là que, pour la première fois, est apparue l'idée du Club des Trente, cet organisme confidentiel qui rassemble les grands chefs d'entreprise bretons. »

Un jour, Yves Rocher l'aborde :

« J'ai envie de faire une liste pour les régionales. Venez-vous ?

— Oui, s'il n'y pas d'étiquette politique, répond Guy Plunier.

— Pas de problème. La liste est à mon nom… »

Et c'est ainsi que, par suppléance, l'homme de confiance qui gravite dans de nombreux milieux bretons se retrouve pendant deux ans au parlement régional : « Jérôme Aymé et moi-même étions libres de nos mouvements et indépendants, ce qui est confortable, même si on est mal vus de tout le monde. J'étais un peu le poil à gratter. À une période, Yves Rocher voulait que nous soutenions la création d'une zone franche à Carhaix. Il existait des dossiers auxquels il tenait plus particulièrement. »

Auprès de ses collègues élus, Yves Rocher défendait surtout sa conception d'un modèle de développement économique breton. Un thème qu'il évoquait avec Joseph Kergueris : « Je l'entendais souvent préconiser l'installation d'entreprises de petite ou de taille moyenne dans un nombre important de communes. L'initiative devait relever d'entrepreneurs locaux ou de professionnels de retour au pays. Lui-même avait donné l'exemple avec ses unités périphériques, car il la voyait ainsi, la Bretagne tonique. De l'organisation, il en faisait un argument politique que je partageais assez. On parlait également des actions publiques, et c'est ainsi que nous avions lancé ensemble le crédit-bail immobilier. »

*

* *

Qu'est-ce qui a pu pousser Yves Rocher à s'engager dans la politique ?

Les adversaires ont un avis et ne sont pas toujours tendres à l'égard du « Seigneur de La Gacilly ». Ils n'hésitent pas à dénoncer la concentration des pouvoirs et la confusion des intérêts : « Qu'Yves Rocher défende l'emploi, très bien ! Mais quel emploi ? Car le maire est le principal employeur de la cité. Il pense d'abord à ses propres besoins. Il tient tout dans ses mains et il vaut mieux être de son côté... Facile, dans ce genre de situation, d'obtenir la majorité, car les électeurs et ses salariés sont souvent les mêmes. Avec ses amis, sa famille, il noyaute tout. Pensez, il a même créé son journal, *Les Informations de La Gacilly*, pour porter la bonne parole. Voyez comment il a pu mobiliser la population pour être soutenu dans l'affaire privée Petit Bateau ! Il dispose de moyens considérables et n'a pas d'inquiétudes à se faire pour monter des opérations, y compris celles de communication. Face à lui, l'opposition ne pèse pas. Faites un tour au conseil municipal : vous constaterez que personne ne bronche... »

Parfois, les règlements de comptes s'extériorisent dans des tracts ou dans des communiqués publiés dans *Ouest-France*, ce qui a le don d'irriter le premier magistrat qui veut surtout éviter de polémiquer par presse interposée.

Définir l'engagement politique d'Yves Rocher en ne retenant que ces seules considérations personnelles ou privées peut paraître réducteur, voire injuste. Joseph Kergueris, dans l'exercice de ses différents mandats de conseiller général, de conseiller régional et plus tard de sénateur, a souvent croisé l'élu de La Gacilly. Il connaît bien son collègue avec lequel il a fait avancer un certain nombre de dossiers : « Je l'ai regardé agir. Je n'étais pas un intime. J'ai eu affaire à un personnage intuitif, réservé, s'exprimant avec une certaine pudeur. Sur le grand patron qu'il était, beaucoup de choses ont été dites. Personnellement, je n'étais pas dans la procession des gens qui défilent pour la vénération. On appartenait à deux mondes différents. Ma relation avec lui était fondée sur le respect que je portais à l'homme et à l'entrepreneur. Pour moi, c'était toujours intéressant de sentir ses ressorts. Il était motivé par le développement d'une œuvre. C'est lui qui m'a fait découvrir la Basse-Vilaine. J'ai vu des choses qu'il m'avait déjà dites avec passion et précision. Il avait un attachement profond pour cette zone où la terre et l'eau se rencontrent. Ces zones interrogent tous ceux qui les regardent avec intérêt. Rien n'est jamais définitivement arrêté. L'un peut suspendre l'autre, et l'univers oblige à le respecter. C'était lui... »

Sur la motivation profonde de l'action publique d'Yves Rocher, Joseph Kergueris donne sa perception : « Il a été un développeur de bas en haut, du local au global, avec des méthodes de chef d'entreprise qui étaient les siennes. Sa détermination était d'abord tournée vers sa commune et son canton. » Et, pour les autres explications concernant les ambitions régionales et nationales de cet enfant de La Gacilly, l'éclairage donné par l'ex-président du conseil général du Morbihan est pertinent : « L'engagement politique est une forme de reconnaissance sociale légitime. Il arrive un moment où tous les personnages de cette dimension veulent être reconnus par leurs pairs. Yves Rocher l'était déjà par ses employés et par les chefs d'entreprises. Cet homme, le contraire de la pétrification, avec son statut de Commandeur, voulait aussi participer aux débats du bien commun. Il sentait les évolutions, dans la tradition des grands patrons partis de rien. Il était donc logique qu'il fût aussi présent pour défendre ses convictions. »

Au conseil régional, il siégeait principalement pour se prononcer sur les dossiers économiques. Au nom de son assemblée, Jean Yves Le Drian, président au moment du décès, exprimait sa reconnaissance à « cet homme de grande intelligence et d'une profonde humanité » : « Par sa fidélité à ses racines, son génie inventif et sa volonté, Yves Rocher était devenu partie prenante du patrimoine breton. Son œuvre a été considérable. Son destin a montré qu'une volonté qui s'applique à un territoire peut produire des réalisations très fortes sur la longue durée. »

Il est de tradition de saluer les mérites d'un défunt et d'adresser pour le dernier salut des hommages toujours laudateurs. Les témoignages sont venus de tous bords, y compris d'élus opposés à lui comme Pierre Bourges, maire honoraire de Redon. Tous ont repris unanimement les qualités de l'ardent bâtisseur de son pays. C'est vrai qu'à la lecture des déclarations et à l'analyse d'une vie si féconde, on comprend mieux dans quel esprit cette forte personnalité a voulu s'engager dans l'action politique. « Certainement pas, comme le souligne Paul Anselin, pour prendre le mal des hauteurs. » Il ne supportait pas ces gens qui galvaudaient leurs ambitions. Lui n'appartenait pas à ce sérail.

Au-delà de l'interprétation de Joseph Kergueris sur la reconnaissance sociale légitime par les pairs, d'autres raisons plus simples et presque évidentes expliquent sa participation au fonctionnement de la démocratie. En premier lieu, l'héritage de la pensée. Toute sa vie, Yves Rocher a été marqué par les convictions profondes de son père sur la nécessité de servir le pays et de l'aider à sortir du marasme. Paul Anselin le souligne à sa manière imagée : « Le cœur de l'action, c'était le développement de sa commune. Il la voulait belle et riche. »

Le capitaine d'industrie était féru de politique dès son enfance, au point que le grand-père Joseph lui avait prédit une carrière de ministre. L'heure venue, il assouvit une passion. La gouvernance publique lui offrait une merveilleuse tribune pour faire connaître ses idées. Elle devenait le bras armé de ses convictions sur l'aménagement du territoire, la défense de l'environnement, l'économie et l'emploi... Peut-être aussi espérait-il ainsi mieux lutter contre les lourdeurs et les paralysies d'un fonctionnement de l'État qui l'irritaient. N'appartenant à aucun parti, il pouvait apparaître comme le trublion qui se jouait des disciplines de groupe. Il se permettait un comportement individualiste qui aurait été dénoncé pour tout autre élu dans une formation structurée. Il n'était pas dupe des critiques : « Ce n'est pas moi qui ai décidé d'être marginal, ce sont les autres, ceux qui constituaient l'*establishment*, qui m'ont attribué cette étiquette, parce que mes doctrines allaient à l'encontre des leurs. C'était de leur part une forme de rejet. » Et pour lui, sans doute, une satisfaction de pouvoir s'ériger en contre-pouvoir...

*
* *

Yves Rocher avait ses têtes et n'était pas très regardant sur les appartenances aux familles politiques. Ce qui primait : la compétence et les idées. Parmi les hommes d'État qu'il appréciait particulièrement, il y avait Raymond Barre. Mais il disait aussi beaucoup de bien de Giscard, de Mitterrand. Il estimait Fabius et avait même confié qu'il aurait voté pour lui s'il s'était présenté dans son secteur. Pour Chirac, il se montrait plus réservé. Celui-ci était venu en 1983, mais était passé rapidement et n'avait pas prononcé un seul mot sur les activités Rocher. Vexant !

Avec les élus de la Région, il entretenait, en général, d'excellents rapports, à gauche comme à droite. Il appréciait Jean Yves Le Drian, qu'il avait invité à venir inaugurer l'usine des Villes Geffs en 1991. Avec Christian Bonnet, il entretenait des relations plus détendues qu'avec Raymond Marcellin, même si celles-ci étaient cordiales. Alain Madelin, Loïc Bouvard, François Goulard étaient les parlementaires de proximité avec lesquels il s'entendait bien. Avec Joseph et Aimé Kergueris, il était aussi en confiance.

Quant à Paul Anselin, il le connaissait depuis 1973 et celui-ci était devenu un proche : « Un jour, il m'a invité à venir le voir à La Gacilly. J'étais face à lui. Il m'a regardé droit dans les yeux pendant dix minutes sans prononcer un seul mot. C'était sa technique pour découvrir les gens. Il les laissait se dévoiler. »

Le maire de Ploërmel, conseiller général et conseiller régional, travaillera pour lui de 1988 à 1993. Il disposait d'un bureau avenue Kléber : « Je voyais le P-DG trois à quatre fois par semaine. » Les relations étaient telles qu'aux législatives de 1978 « le Patron » avait proposé à Paul Anselin de prendre son fils Didier comme suppléant à la législative. Le candidat raconte : « Didier m'avait dit qu'il ne souhaitait vraiment pas se présenter aux élections et que c'était uniquement le désir de son père. Je ne savais pas comment informer le président du refus de son fils. J'ai donc demandé à son grand ami et premier adjoint Jean Bellamy de passer le message et d'essayer de le convaincre d'abandonner le projet, ce qu'il a fait. »

Au pays, une interprétation différente s'était propagée. Certains esprits critiques ne manquaient pas de remarquer qu'Yves Rocher lui-même s'était opposé à cette éventualité pour la raison suivante : « Dans la famille Rocher, il faut savoir qu'on n'est jamais second. Toujours premier… »

Le vrai cercle rapproché en politique fut celui des conseillers municipaux. Ceux qui par fidélité et par attachement à leur cité étaient prêts à le suivre les yeux fermés. Combien d'entre eux, au moment de leur retraite, ont été invités à le rejoindre dans son assemblée, tels Guy Étourneau en 1989 ou François Naël en 1995. Nombreux sont ceux qui ont été sollicités et n'ont pas su ou voulu refuser, se laissant même prendre au jeu.

Le premier adjoint en exercice, Marcel Texier, ne regrette pas son engagement. Professeur d'histoire, assumant les responsabilités de sous-directeur au collège Sainte-Anne, il est contacté un matin de l'année 1995 par le secrétaire général de mairie qui lui dit très directement à la sortie du cours : « Monsieur Rocher veut que vous fassiez partie du conseil. Réfléchissez et donnez-lui votre réponse ce soir… »

Marcel Texier n'hésite pas longtemps : « L'après-midi, je dis oui. Huit jours après, je suis invité à me rendre à

La Forêt Neuve. À ma grande surprise, le maire me reçoit deux heures environ. On parle de tout : la religion, la famille, la politique. J'ai en face de moi un homme sensible, plein d'idées… Je suis impressionné mais je ne rencontre pas le personnage Yves Rocher que les gens racontent. Moi aussi, j'avais le préjugé d'un homme inabordable, intouchable. En fait, j'ai le sentiment de parler à un homme de cœur et de bon sens qui m'a mis en confiance. »

« Le jour du scrutin, à la sortie de la salle des fêtes, il monte avec moi en voiture. Yves Rocher m'interroge : “Ce soir, nous allons être élus. Qu'est-ce qui vous intéresse ?” Je lui réponds : le social, l'environnement, la nature. “Très bien, précise-t-il, vous serez adjoint aux affaires sociales.” »

De 1995 à 1998, Marcel Texier accomplit son mandat. Et, au décès du premier adjoint Jean Paris, le maire lui téléphone : « On repart de zéro. Je vous propose la place de premier adjoint. » Marcel Texier lui répond : « D'accord, mais vous savez que je ne sais pas mettre les formes. Je déballerai tout et vous trierez. » « En guise de réplique, Yves Rocher a simplement souri », remarque l'élu.

Marcel Texier, comme premier adjoint, a donc exercé un peu moins d'une dizaine d'années à ses côtés. Ce fut, sur les quarante-six ans de mandat sans interruption, la dernière ligne droite de gestion municipale d'Yves Rocher. L'ancien professeur d'histoire évoque cette période sans langue de bois : « Il écoutait énormément. Il avait de l'autorité mais n'était pas un autocrate. C'est vrai que, quand il avait une idée, il fallait la réaliser tout de suite. En moyenne, les conseils municipaux ne duraient pas plus d'une heure. Il n'aimait pas être surpris en séance. Je me souviens d'une réunion où j'avais proposé la réalisation d'un lotissement de 70 maisons. Il a regardé le prix. Il s'est mis en colère et a déclaré : “Je n'en veux pas.” Inutile de vous préciser que, devant mes collègues, je n'étais pas à l'aise. Il m'a fallu six mois pour le convaincre. Le lotissement, en fin de compte, est sorti de terre en deux tranches. Il répétait souvent qu'il ne voulait pas d'une grande ville à La Gacilly. Chez les agriculteurs, il y avait parfois des opposants. Un jour, l'un d'entre eux est venu me dire : "Yves Rocher, en tant qu'industriel, je l'admire, mais, en tant que maire, je ne le suis pas. En occupant les terrains pour y mettre ses usines, il ne respecte pas les cultivateurs." Certains l'appelaient Louis XIV, mais il était indifférent aux critiques : "Vous savez, la caravane passe..." se contentait-il de commenter. »

Pourtant, l'avenir du monde agricole le préoccupait beaucoup. En 1990, il avait lancé une vaste opération pour sensibiliser les pouvoirs publics sur la désintégration de ce secteur. Des courriers avaient été adressés au président de la République, aux élus bretons. Des affiches, des articles de presse dénonçaient l'état de crise.

En juin 1991, le maire conseiller général prenait l'initiative et espérait d'ailleurs donner l'exemple en signant la convention « écocanton » avec le ministère de l'Environnement. Le but était de mener des actions cohérentes pour favoriser le développement agricole et industriel en respectant les écosystèmes. Démarche qui tenait aussi compte de l'entretien et de la valorisation des patrimoines rural et urbain. À ses élus, le premier magistrat ne cessait de répéter : « Imaginer, organiser, construire, réaliser, voilà mon but. »

Auguste Coudray, chargé de communication pour l'entreprise, le dit autrement avec ses mots à lui : « Yves Rocher avait un regard décalé sur le monde et en particulier sur la nature. Une autre lecture, celle d'un artiste en somme. »

Un artiste, certes, mais aussi un pragmatique en attente de résultats concrets. C'est dans cet état d'esprit qu'il a transformé La Gacilly en un demi-siècle. Sa commune s'est dotée de tous les équipements et, bien qu'éloignée des grands centres, elle s'est imposée en jouant sans complexe dans la cour des grands. Ce qui est souvent acquis apparaît ensuite comme un dû. Qui, pourtant, aurait pu imaginer en 1962, au moment de la prise de fonction du nouveau magistrat, que la petite cité inscrirait sur sa carte de visite tous les atouts dont elle dispose aujourd'hui ?

Yves Rocher a apporté la preuve que, avec l'économie, l'emploi repart, que, avec l'emploi, la richesse s'accroît, que, avec la richesse, la qualité de la vie s'améliore. Pas n'importe quelle qualité de la vie, mais celle qui se rattache, comme le souligne Auguste Coudray, à « une philosophie qui doit trouver son aboutissement dans la vie quotidienne des gens ».

On ne s'étonnera pas de la somme d'infrastructures réalisées au bord de l'Aff : un stade, une salle omnisports, une piscine, un tennis avec des courts couverts, une salle des fêtes… mais aussi des centres spécialisés dans le social, la santé, la culture… Les investissements sont le reflet d'une certaine conception du vivre-ensemble. Le maire a été soucieux de l'équilibre et de l'harmonie de la communauté. Du logement, il en a fait une priorité. Des lotissements ont été aménagés en différents endroits du territoire communal. Indispensables, notamment pour héberger, dans les meilleures conditions, les nombreuses familles venant travailler dans ses usines. La réalisation des halles était aussi l'un des chantiers qui lui tenaient à cœur. N'étaient-elles pas l'endroit idéal pour rassembler, dans un climat de détente et d'amitié, la population qui, une fois par semaine, venait découvrir les produits locaux ? On dit que le maire s'était inspiré de l'hôtel des Thermes marins de Saint-Malo pour la conception de la structure architecturale.

Tout au long de ses mandats, Yves Rocher a aidé et encouragé la vie associative. Pour le patronage Saint-Jugon, dès qu'il en avait l'occasion, il montrait un fort attachement. En 1977, il décida de lui donner une nouvelle dimension en le transformant en Union sportive de La Gacilly (USG).

Mais La Gacilly ne serait jamais devenue ce qu'elle est, sans la volonté farouche de l'enjoliver d'une parure qui lui donne ce charme apprécié chaque année par les centaines de milliers de touristes. Au sein du réseau des « Villes et villages fleuris », la commune, avec ses quatre étoiles, est devenue pilote. Le vieux centre a été reconstitué à l'authentique. Le fleurissement habille les ruelles aux nuances bleutées... Sans oublier cette fameuse passerelle d'exposition récemment aménagée au Bout du Pont, qui apporte avec le Végétarium, à proximité du petit port sur l'Aff, un havre de détente et de poésie. Le festival photographique en été et le pôle des métiers d'art viennent compléter les offres de ce joyau touristique.

Le « Village des artisans d'art » trouve son origine dans les années 1970. Yves Rocher nourrit ce projet et cherche à lui donner vie. Il demande à un photographe local, Jean-Baptiste Thierry, de le mettre en œuvre, en commençant par passer des annonces dans différents journaux pour attirer les artisans. Le premier à accepter de se lancer est Yvon Menant, qui ouvre en 1971 un atelier de bijoux. Les conditions sont intéressantes : la commune met à disposition des locaux, avec des conditions financières spéciales. Assez rapidement, d'autres créateurs suivent. Pour donner plus de consistance à cette politique, une association est constituée dans les années 1980. Jean-Claude Mahé, lui-même artisan et qui deviendra conseiller municipal, prend la présidence. À sa prise de fonction, il y a déjà une trentaine d'adhérents : « Très vite, le copinage a fait son effet. Les artisans ont apporté une couleur singulière... » remarque Jean-Claude Mahé.

Pour le premier magistrat, ce qui importait, c'était la transmission du savoir-faire. Aujourd'hui, la flamme reste allumée. Une trentaine de créateurs sont toujours présents ou se relaient : des fileurs, des souffleurs ou des graveurs sur verre, des sculpteurs, des relieurs, des peintres, un artiste des vitraux... « Yves Rocher a eu le nez fin », remarque Jean-Claude Mahé. Un joli compliment !

En 2008, le maire décide de passer la main. Comme il l'a fait pour le groupe, il a vraisemblablement anticipé la relève. Son fils lui succède. Dans sa tête, Jacques était déjà prêt, tout en sachant qu'il n'est jamais évident de s'inscrire dans la continuité d'une si forte personnalité.

Après les obsèques, dans un hommage rendu dans la presse locale, le nouvel élu se dit admiratif de la capacité de résistance unique de son père pour accompagner les femmes et les hommes de son pays. Il ajoute : « Monsieur Yves Rocher, tout au long de sa vie, nous a donné l'exemple d'un homme au service d'un idéal. Il a montré la volonté d'agir, de créer, de développer une activité économique afin de sauver La Gacilly de l'exode rural… » Jacques Rocher, le maire, entouré de la même équipe, a en héritage le bien le plus précieux de son prédécesseur : la destinée de la cité. À condition, évidemment, que la population le soutienne et le suive. Démocratie oblige.

CHAPITRE 12

L'HUMANISTE

Dans l'action politique, l'homme exprime des choix, des convictions au service d'une cause, une conception du mieux-vivre-ensemble, une vision pour l'avenir. Il est porteur d'espérance et souvent de promesses tenues ou non tenues. Il conçoit, organise, aménage, régit. Recherche l'adhésion autour d'idées qu'il croit bonnes mais qui ne restent, trop souvent hélas, qu'à l'état des idées...

Yves Rocher prend sa part dans les grands desseins de la Bretagne, mais, en assemblée, il se montre impatient de sortir des concepts abstraits pour en venir aux réalisations concrètes. Il n'apprécie pas les grandes joutes oratoires. Perte de temps. Prétexte pour ne pas avancer. L'action, elle, se juge au résultat. Souvent à des petites choses simples et discrètes qui ne monopolisent pas la une des journaux, mais qui se révèlent utiles et qui soulagent. C'est son autre conception de la politique, tournée vers le social, vécue localement au quotidien, dans une relation de proximité très personnelle.

Cette attitude humaniste n'est pas perceptible au grand jour. Yves Rocher ne souhaite pas que ses gestes soient divulgués ou fassent l'objet d'une quelconque récupération politicienne. Tant pis si son image, pour ceux qui ne le côtoient pas, demeure celle d'un personnage froid, distant, pudique, intimidant. À chacun de juger dans son for intérieur.

Le train de vie nourrit les arguments de ses contradicteurs : le château, les propriétés de Paris, Marrakech, Saint-Malo… Facile dans de telles conditions de se montrer généreux…

Faux, répond Paul Anselin : « Yves Rocher se contentait de peu. Il n'était pas attaché aux biens matériels. Il en bénéficiait, bien sûr, mais en faisait bénéficier des amis, ou des personnes dans le besoin. L'endroit où il se trouvait le plus à l'aise, c'était dans son cabanon dans la forêt, seul, proche de La Forêt Neuve où il pouvait méditer. Il l'expliquait souvent par ces mots : "Il faut prendre de la distance, se détacher loin du tumulte." »

À l'instar de François Goulard, beaucoup s'accordent à dire que cet homme n'était pas un mondain. Dans le journal *Les Informations de La Gacilly*, qu'il a fondé à la demande d'Yves Rocher, Gaston Renaud déclare avec insistance : « Il fuyait la lumière et les mondanités, les célébrités. Il a rendu service à énormément de gens, dans la plus totale discrétion. »

Sur place, à La Gacilly, nombreux sont les habitants qui ont reçu un jour une aide venant de sa part et lui en sont restés reconnaissants. Certains ont pu aussi avoir tendance à vite oublier ou même à vouloir effacer volontairement sa générosité : « Il n'attendait rien en retour, mais il souffrait en silence de l'ingratitude des gens pour qui c'était un dû, n'exprimant aucun merci, quand ils ne le critiquaient pas aussitôt après ! » remarque Édith Derroisné, qui ajoute avec la force de ses sentiments : « On ne connaît pas le centième de ce qu'il a fait. Quand on lui disait que telle ou telle personne avait des difficultés, il agissait avec désintéressement et sincérité, quelles qu'aient été ses relations avec cette personne dans le passé. Dès qu'on lui exposait un problème, il répondait toujours : "Qu'est-ce qu'on peut faire ?" Et il fallait trouver une solution. »

Yves Rocher est attentif aux humbles, mais ne se satisfait pas de pratiquer la charité ou l'assistanat. Il croit en l'homme et attend de lui qu'il se prenne d'abord en main. À ceux qui le sollicitent, il veut avant tout offrir une chance de progresser, de grandir. Le paternalisme a vécu. Cette façon de gouverner est d'une autre époque. Mais Yves Rocher ne s'en est jamais éloigné. Dans l'entreprise, à la mairie ou dans la vie, c'est plus fort que lui, il a tendance à se comporter en père, sans tenir compte des recommandations des nouvelles écoles de management qui ne cessent de répéter que l'affectif est un vilain défaut. Peu lui importent les théories des consultants ou des spécialistes : il exerce son autorité à l'instinct, à l'intuition et beaucoup à la confiance. S'il est convaincu de la sincérité et de la loyauté de son interlocuteur, celui-ci peut tout lui demander. En bon protecteur, il lui arrive de prendre l'initiative d'un geste de soutien ou de solidarité.

« Il était très sensible, se souvient Guy Étourneau, aux problèmes de santé des gens qu'il croisait. Lui-même était exposé à la maladie, mais il compensait par une volonté de fer. L'homme était à la fois chaleureux et distant. On savait qu'en cas de difficulté le patron était toujours là, discrètement. Il me l'a prouvé à plusieurs reprises. J'ai eu un pépin de santé en 1987. Peu de temps après, il m'arrête dans un couloir en me disant qu'il me trouve une vilaine mine. Quelques minutes plus tard, il me fait appeler dans son bureau et m'intime presque l'ordre : “Allez donc vous reposer à Marrakech avec votre femme. Cela vous fera du bien.” Pendant quinze jours, nous sommes partis dans sa villa, tous frais payés, y compris l'avion. Quand j'ai été en retraite, à chaque fois que je le rencontrais, il me demandait des nouvelles de ma famille. Il tutoyait mon fils et l'interrogeait sur ses activités... »

Louis Perrigue revoyait assez souvent son camarade d'enfance depuis son retour à La Gacilly. À la retraite, lui aussi avait été mobilisé pour siéger au conseil municipal : « Avant chaque séance, il venait me dire bonjour en m'embrassant. Au cours de ma carrière parisienne, nous ne nous sommes pas beaucoup rencontrés. Il m'a invité deux fois à manger. Quand j'arrivais au siège, il avait la délicatesse de venir me chercher dans le hall plutôt que d'envoyer son assistante. Je ne l'ai pas souvent sollicité. Mais quand je me suis adressé à lui, il m'a toujours répondu. On m'avait demandé d'organiser un pèlerinage à Chartres. Les gens n'avaient pas beaucoup de moyens pour participer au coût du déplacement. Je lui en ai parlé. Il m'a conseillé de lui écrire une note pour lui expliquer le projet. Quelques jours après, je recevais un chèque de 70 000 francs pour couvrir l'ensemble des frais. À l'époque, c'était une belle somme... »

François Naël évoque le passé avec ce même souci du petit détail ou de l'exemple significatif : « En activité, nous avions créé l'ordre des Archers et le patron m'avait demandé d'en prendre la présidence. Les meilleurs ouvriers étaient récompensés par des voyages en Espagne, en Grèce... Jusqu'en 1990, quand des ouvriers séjournaient au Maroc, ils étaient invités à manger chez lui à Marrakech où ils passaient une bonne partie de la journée... »

Dans le cadre des actions sociales liées directement ou indirectement à la vie de l'entreprise, l'ouverture de l'école de l'Épée provoqua la surprise. L'intention ne pouvait laisser indifférent et il fallait, d'une part, avoir eu l'idée et, d'autre part, oser.

Pour les enfants du personnel confrontés à de lourdes difficultés scolaires, Yves Rocher avait décidé de mettre en place une école interne de rattrapage. Les jeunes de 16 ans recevaient un enseignement spécifique, avec l'assurance, pour ceux qui donnaient satisfaction, d'être ensuite recrutés dans la société. Le programme était prévu sur deux ans : matières générales, anglais et... théâtre. Les arts martiaux étaient également pratiqués, car le fondateur voulait que chaque jeune « soit bien dans sa tête et dans son corps ».

Il aurait souhaité entraîner avec lui d'autres grosses entreprises, mais un tel projet suscita un certain nombre de réserves. Évidemment, les instances du corps enseignant et de l'académie voyaient là une atteinte aux principes fondamentaux du fonctionnement de l'Éducation nationale. Dans le personnel, les réactions étaient aussi assez critiques, considérant que l'école de l'Épée coûtait très cher au groupe et que l'argent pouvait être utilisé à d'autres fins. Sous la pression, le patron abandonna à regret, après la deuxième promotion.

Vers 1984, Yves Rocher avait confié la présidence de l'association Entr'aides à son fils Daniel Rocher. Il avait aussi demandé à Édith Derroisné sa participation active à ce mouvement dont l'appellation, à elle seule, était explicite. Chaque mois, au cours d'une réunion, les responsables étudiaient les situations difficiles de foyers gaciliens auxquels ils apportaient un soutien discret. Trente colis de produits alimentaires étaient adressés en moyenne tous les trente jours. Certaines dettes, notamment celles des enfants à la cantine, étaient épongées. Et trois personnes avaient été réinsérées dans l'entreprise. Dans le cahier des charges de l'association, Yves Rocher avait souhaité qu'en retour les gens accompagnés fassent un geste, un effort, en effectuant un petit travail ou en rendant un service. C'était conforme à sa conviction selon laquelle chacun devait se prendre en charge et ne pas compter uniquement sur l'assistance gratuite. Cette disposition ne fut jamais appliquée, au grand dam de l'initiateur, car le principe de réciprocité n'était pas tellement accepté et encore moins observé par les intéressés.

Au cours de la même période, il avait tourné son regard vers les agriculteurs aux prises de graves difficultés, en donnant naissance à Solidarité rurale, dont l'animation avait été confiée à l'ancien directeur général Jean Le Cannelier. Le but était d'étudier les dossiers des exploitants confrontés à de lourds endettements et de voir avec les banques les possibilités de les réduire. À titre personnel, Yves Rocher avait aidé quatre d'entre eux avec ses propres finances.

Paternalisme, certainement ! Mais quelle force donnée à la relation individuelle, à l'écoute de l'autre ! Aujourd'hui, les langues se délient facilement. Qui n'a pas un petit souvenir à raconter ? Qui, dans son entourage – la famille, les pionniers, les proches ou les proches des amis –, n'a pas été marqué par un signe, un geste, un service ? Certaines personnes, évidemment, ne gardent pas ou ne souhaitent pas garder du P-DG l'image généreuse et attentionnée que ses fidèles entretiennent de lui. Des opposants se dressent encore contre ce qu'ils ont considéré de la charité caution, à bon compte... Inévitable ! Les agissements d'êtres aussi exceptionnels ne tombent jamais dans l'indifférence. Les bâtisseurs cristallisent toujours autour d'eux enthousiasme ou réprobation. Et, dans une hypothèse comme dans l'autre, c'est le plus souvent sans nuances...

*

* *

Il y a les actions individuelles et celles plus collectives au service d'une cause. Elles répondent à une prise de conscience et s'inscrivent davantage dans le registre des missions tournées vers des objectifs précis.

Yves Rocher se bat aussi sur le terrain humanitaire. Ses initiatives sont peu connues de l'opinion. « C'était son jardin à lui et il ne voulait pas que ce soit récupéré », remarque au passage Pierre Roussette. Mais combien d'engagements ont pourtant été menés, sous son impulsion, pour venir au secours des êtres en détresse !

Le chef d'entreprise converti à la politique est aussi un militant du cœur. Est-il guidé par la foi qui, comme le souligne Édith Derroisné, « se traduit dans ses actes par une grande humilité » ? Question délicate dont lui seul détient la réponse. N'empêche, il est convaincu qu'il subsiste une lueur pour tout homme qui sait la saisir. Et, quand on le sollicite, il accepte d'en donner le sens.

Pendant longtemps, les Gaciliens ont ignoré que son chauffeur était un repris de justice condamné à mort. Grâcié par le général de Gaulle, il avait vu sa peine commuée à vingt ans de réclusion criminelle. Il avait comparu aux assises pour avoir braqué et tué un motard gendarme et blessé son collègue. L'un de ses meilleurs amis s'était confié au P-DG et lui avait demandé s'il était envisageable, à la sortie de prison, de recruter son neveu qui bénéficiait d'une remise de peine. Yves Rocher, sans hésitation, donna son accord. Non seulement il tint parole mais témoigna, dès son arrivée, sa totale confiance au nouveau salarié en l'embauchant comme chauffeur personnel.

Guy Hervé ne resta pas longtemps au volant, mais suffisamment de temps pour que son patron lui reconnaisse un certain nombre de qualités. Encore fallait-il savoir maîtriser son caractère fort et assez rugueux. Il décida d'abord de le nommer massicotier à Façonnage Bretagne avant de lui confier d'autres responsabilités. Prenant exemple sur cette démarche encourageante, le P-DG imagina un dispositif pour accueillir d'autres détenus et les remettre à l'ouvrage.

Un atelier, « La Montagne bleue », fut créé pour recycler des palettes. Il ne devait fonctionner qu'avec du personnel en situation de réinsertion. L'entreprise, en relation avec le centre pénitencier de Rennes, choisissait les cinq ou six personnes en recherche de travail pour faire tourner l'unité. La direction fut évidemment confiée à Guy Hervé, qui décéda peu de temps avant sa retraite.

À la demande du président, deux anciens du grenier, François Naël et Marie-Annick Carlier, avaient pris la responsabilité des services sociaux de l'entreprise. Ce n'était pas un hasard s'ils avaient été choisis pour accomplir cette tâche. Leur patron accordait une grande importance à ce secteur de la direction du personnel et il avait voulu le confier à des anciens qui incarnaient depuis l'origine les valeurs de la société :

« Il avait été très clair, en exigeant de nous une attention constante auprès des gens en difficulté. Nous intervenions souvent, par exemple, pour envoyer des salariés ou des membres de leurs foyers se faire soigner à Paris... »

Dans les années 1990, Yves Rocher fut sensibilisé, par un membre de sa famille par alliance, sur la situation tragique d'un jeune atteint du sida. Certes, il était déjà préoccupé par les ravages de ce fléau, mais ce cas individuel et proche le toucha directement. Il aida financièrement à la prise en charge du traitement et accompagna de près le souffrant tout en étant conscient de ses limites et de son impuissance à terrasser le mal. C'est à partir de cette période-là que le mécène décida de créer une association Amitié Sida, pour soutenir les victimes et les familles. Une structure avait été mise en place et le fondateur donnait aussi de sa personne. Sans que cela se sache, il lui arrivait fréquemment, quand il se trouvait à Paris, de se rendre le dimanche après-midi dans les services spécialisés des hôpitaux pour visiter et soutenir les patients en état de désespérance.

Marcel Texier, adjoint aux affaires sociales, était lui aussi en première ligne, mais agissait au nom de la mairie : « Je peux affirmer qu'il a aidé beaucoup de familles de La Gacilly, même sur ses propres deniers. Au soir des élections de juin 1995, quand il m'a demandé de prendre le social, il a insisté pour que je porte un regard particulier sur les personnes âgées, seules ou handicapées. C'est ainsi qu'est née l'association Génération Solidarité. »

On pourrait ainsi multiplier les exemples sur toutes ces actions concrètes et quasi confidentielles. S'il était encore de ce monde, Yves Rocher n'apprécierait peut-être pas de découvrir ces lignes. De son vivant, il refusait qu'on en fasse écho. C'était, pour lui, du ressort du for intérieur.

Du local au global, telle avait été sa vision en toutes choses. Concernant la solidarité, il eut également cette volonté d'ouvrir la fenêtre et de regarder loin...

*
* *

Il y a moins d'une quinzaine d'années, deux étudiants souhaitent rencontrer Yves Rocher. Des sollicitations de ce genre, il en existe évidemment des centaines qui sont toujours sélectionnées par les services dès leur réception. Par l'intermédiaire de proches, les demandeurs réussissent à attirer l'attention d'Yves Rocher sur leurs recherches qu'on lui présente comme étant sérieuses et brillantes. Après quelques hésitations, le P-DG accepte donc de les écouter.

L'un d'entre eux, dont la femme est originaire des Philippines, connaît bien ce pays pour lequel il veut se rendre utile. Il y est passionnément attaché et souhaite à sa manière l'aider à sortir de la misère. Avec son collègue, il réalise une thèse sur la situation désastreuse de l'archipel. Au fil des chapitres, les auteurs avancent un certain nombre de propositions originales. La plus pertinente concerne la mise à disposition de microcrédits permettant à des femmes désirant monter un petit commerce de démarrer leurs activités. Le concept est récent. Il a été imaginé, il y a une vingtaine d'années, par un citoyen du Bangladesh, Muhammad Yunus, qui a d'ailleurs, par la suite, été élu prix Nobel de la paix. Le principe consiste à attribuer des prêts de faibles montants à des personnes sans moyens qui désirent créer des entreprises ou un artisanat. En raison de leur insolvabilité, elles ne peuvent pas avoir recours aux prêts bancaires traditionnels. Ce système est parfaitement adapté aux pays en voie de développement, à condition de trouver, pour l'installation, des fonds de départ et de roulement absolument indispensables. C'est le nerf de la solidarité que les deux étudiants sont venus solliciter auprès du patron morbihannais. Non seulement l'idée lui plaît, mais il entend aussi l'appliquer rapidement. Il demande à Pierre Roussette de s'en charger.

Le directeur de cabinet est souvent mandaté pour suivre les initiatives solidaires et elles sont nombreuses : « Il fourmillait d'idées et il fallait trier. Mais quand on avait vérifié que la proposition était fiable et que le patron donnait son feu vert, on avait obligation d'aboutir. Il disait sans cesse : "Ne vous arrêtez pas sur les détails, avancez." Il ne fallait surtout pas qu'un projet capote à cause d'une réglementation... »

Une association voit le jour. Elle s'appelle Proximity, un nom qui correspond bien à la volonté d'unir dans la démarche humanitaire comme dans l'économie la relation du local au global. Grâce à Proximity, des milliers de familles philippines bénéficient assez facilement du dispositif. De nombreux microprojets naissent, procurant de l'emploi, donc du pouvoir d'achat à la population.

L'Asie, mais aussi l'Afrique. Dans l'exercice de ses responsabilités de maire, Yves Rocher, répondant aux souhaits du recteur de La Gacilly, le père Joseph Hardat, incita l'instauration d'un jumelage avec Diapaga au Burkina Faso.

Diapaga est un chef-lieu de canton de 5 000 habitants, situé dans la province de Tapoa, à quatre cent cinquante kilomètres d'Ouagadougou. Depuis l'acte solennel conclu par Didier Rocher en février 1980, au nom de la municipalité, des liens privilégiés ont permis de développer différentes actions humanitaires dont certaines furent prises en charge à titre personnel par Yves Rocher.

Comme pour les Philippines, il mit en place des microcrédits et donna de l'argent à des sœurs pour financer des cours ménagers destinés à des jeunes femmes esseulées ou rejetées de leurs familles...

Didier Rocher, missionné par son père, suivait de très près la mise en place des soutiens et jouissait localement d'une notoriété affectueuse. À son décès, les élus exprimèrent leur tristesse et leur reconnaissance en donnant son nom à l'une des rues de la ville. Aujourd'hui encore, dans le cadre du jumelage, La Gacilly continue de venir en aide aux Burkinabés. Des opérations conjointes sont montées, comme les actions « Villages propres ». En 2009, le programme « Main dans la main, agissons pour l'environnement » a aussi permis de sensibiliser les enfants des écoles.

Deux autres jumelages sont nés par la suite en Europe. Les intentions s'appuient davantage sur l'amitié et la découverte réciproque. Ont été choisis Hollersbach en Autriche, au cœur du Pinzgau, avec son magnifique parc naturel de Hohe Tauern, et Gowerton, au pays de Galles.

En des termes poétiques, Yves Rocher définit ainsi son ouverture aux autres et au monde : « Je cherche en moi la note juste, j'écoute celle des autres : la somme fera peut-être une mélodie pour le monde... »

CHAPITRE 13

DEUX LOURDS DOSSIERS

Dures années 1990 ! Au cours de cette décennie, Yves Rocher va être confronté à de pénibles épreuves dont la plus terrible sera le décès de son fils aîné Didier.

L'entreprise a connu ses Trente Glorieuses et atteint une belle solidité. L'édifice n'en reste pas moins exposé aux menaces qui pointent ici ou là. Les premiers mouvements sociaux sont déjà apparus en 1981, quand il a fallu transférer des emplois de La Gacilly à Rieux. Le conflit fut assez rude et court.

Yves Rocher décida le *lock-out* de l'usine. La réponse du personnel, furieux, se traduisit par la séquestration du directeur Michel Derroisné. Les bons offices du cadre dirigeant réussirent à convaincre les responsables syndicaux d'entrer en négociation avec le P-DG. Pour engager la discussion, le patron fixa le lieu de rendez-vous au domicile modeste de... sa maman ! On devine la surprise des partenaires sociaux. Mais Yves Rocher était passé maître dans l'art de déstabiliser ses interlocuteurs...

En 1988, d'autres nuages sombres menacèrent l'économie du groupe. La conjoncture difficile était aggravée par des sureffectifs qui nécessitaient la mise en place d'un plan de licenciements, l'inconcevable pour celui qui consacrait toute son énergie au développement de l'emploi au pays. Un groupe de cette dimension est souvent exposé aux aléas.

Le coup de tabac qui fera le plus de bruit concernera le rachat de Petit Bateau. La marque légendaire créée en 1893 habille les enfants. L'atelier de confection, situé à Troyes, emploie un millier de personnes. Depuis quelques années, le déficit s'accroît et la société est aux abois. Le prestige ne lui suffit pas à redresser la barre. L'entreprise champenoise parvient cependant à rester à flot grâce à la BNP (Banque nationale de Paris), qui continue de couvrir les fins de mois. La banque, qui est aussi actionnaire, cherche à se dégager à tout prix du boulet et elle a été mandatée pour trouver un repreneur.

Les relations avec le groupe Yves Rocher sont excellentes et confiantes. C'est un client aux reins solides, depuis plus d'une vingtaine d'années. Pourquoi ne pas lui lancer un appel du pied ? Yves Rocher est saisi. Il réagit assez froidement, mais le financier réussit à le convaincre de « cette belle opportunité ». Avant de se prononcer définitivement, le P-DG breton en parle à son entourage : « J'ai été contacté par la BNP. Son directeur, responsable du dossier Petit Bateau, demande à me rencontrer d'urgence. Il m'affirme que l'entreprise est en train de se redresser et que nous devons nous prononcer rapidement si nous voulons être sur les rangs. Selon lui, d'autres acheteurs seraient prêts à passer à l'acte. »

L'industriel de La Gacilly n'a pas de raison de douter de la bonne foi de son interlocuteur. Ce projet, malgré ses réserves coutumières et prudentes, le séduit.

Dans sa jeunesse, quand il tenait le magasin de la rue Saint-Vincent, il avait une certaine admiration pour cette marque culte de l'enfance. Il connaît son histoire. Un peu la sienne. Elle a été créée en 1893 à Troyes par Pierre Valton, bonnetier, qui a eu un jour l'idée de créer des caleçons et des maillots de corps. Et c'est son fils Étienne qui, plusieurs années plus tard, en 1920, créa ces fameuses culottes Petit Bateau. Une légende, symbolisée par le dessin de la fillette surnommée Marinette, a même été mise en chanson : « Maman les p'tits bateaux qui vont sur l'eau ont-ils des jambes ? »

Comment ne pas succomber ? Le patron de La Gacilly s'apprête à répondre positivement. Petit Bateau, c'est une « affaire » mais aussi pour lui un engagement sentimental. Très vite, hélas, il va s'apercevoir qu'il aurait mieux fait de s'abstenir et de rester sur sa première réaction prudente. Au moment de la signature en 1988, il ne peut imaginer qu'il est en train de conclure pour une dizaine d'années d'ennuis et de procès.

Yves Rocher met 100 millions de francs sur la table. Jusque-là, pas de problème. Mais, quelques jours plus tard, l'un de ses contrôleurs de gestion dépêché à Troyes découvre le pot aux roses. Non seulement l'entreprise a peu de chances de se redresser, mais, de surcroît, les pertes seront plus importantes que celles annoncées. En 1989, le trou s'élèvera à 174 millions de francs ! Considérant qu'il a été abusé, l'acquéreur provoque une rencontre avec le président de la BNP et espère trouver en bonne intelligence un compromis satisfaisant pour les deux parties. L'état-major de la banque ne partage pas cet avis. Non seulement il ne plie pas, mais il argue de son bon droit. Yves Rocher ne peut que prendre acte, en annonçant qu'il n'en restera pas là. Un rapport de force assez brutal est engagé. Le chef d'industrie confie à ses proches qu'il ira jusqu'au bout et qu'un jour ou l'autre son adversaire sera obligé de négocier.

Au siège du boulevard des Italiens, à Paris, les professionnels de la finance n'ont jamais encore vu cela. Le vendredi 10 février 1989, une grande mobilisation bretonne est organisée devant la banque. Trois mille manifestants, dont deux cents élus ceints de leur écharpe, des salariés de la société, des habitants des communes de l'est du Morbihan, ont rejoint la capitale dans des cars affrétés par le P-DG. « Rendez-nous notre blé », scandent les trublions. Le IIe arrondissement est en effervescence. Il découvre cette expédition bretonne qui donne au quartier un air de kermesse : chansons, drapeaux *gwenn ha du*, chars, musique, banderoles et pancartes... Didier Rocher et des employés distribuent des fleurs aux CRS... Le personnel de la BNP, collé aux fenêtres, est surpris, regarde avec curiosité l'attroupement spectaculaire.

En présence de nombreux journalistes, le député Loïc Bouvard, des conseillers généraux et des maires des principales cités de l'arrondissement prennent la parole. Charles Possémé, maire de Saint-Martin-sur-Oust, menace : « Si la petite démonstration d'aujourd'hui ne suffit pas, on peut revenir avec nos agriculteurs et leurs tracteurs... » Yves Rocher annonce qu'il a déposé plainte contre X auprès du tribunal de Troyes pour escroquerie et abus de biens sociaux et conclut : « Les cent millions qui nous ont été subtilisés, c'est autant que nous n'investissons pas en Bretagne. »

Même si l'ambiance est bon enfant, cette détermination a de quoi faire trembler le coffre-fort sur ses bases. Mais il n'en est rien. La direction reste sourde à la pression populaire. Si les banquiers espèrent s'en sortir en jouant la montre, c'est qu'ils connaissent mal Yves Rocher. Moins d'un mois après, le 4 mars, un deuxième rassemblement est annoncé à Vannes. Cette fois près de 13 000 Bretons envahissent les rues du centre. Incroyable !

Devant les portes de l'agence bancaire, des gerbes sont déposées. Comme à Paris, mais dans un défilé encore plus impressionnant, les manifestants chantent et scandent. Le pays est debout. Même les opposants au « Seigneur de La Gacilly » n'en reviennent pas : il n'y a qu'Yves Rocher pour obtenir d'un seul claquement de doigts une telle capacité de mobilisation...

Le banquier ne se laisse toujours pas impressionner par ces sautes d'humeur publiques et décide de laisser aux juges le soin de trancher. Une dizaine d'années ne suffiront pas à faire aboutir les procédures.

Petit Bateau n'a pas jeté l'ancre. Didier Rocher confie la remise à flot au directeur général pour l'international,

Pierre Letzelter. Stéphane Bianchi prendra ensuite le gouvernail pour donner un nouveau cap et mener l'entreprise au large. Non seulement elle n'est plus endettée, mais son chiffre d'affaires a été multiplié par quatre. Malgré la crise, le spécialiste du sous-vêtement gagne de l'argent. Une gamme conçue pour les jeunes filles a gonflé les ventes. Une politique d'ouvertures de magasins a aussi permis à la marque de redevenir l'un des fleurons du textile français. Pour être tendance et coller à la mode, une usine ultramoderne d'un millier de salariés a été installée à Marrakech pour les vêtements adultes.

En dix ans à peine, la situation catastrophique révélée lors de l'achat s'est transformée en réussite commerciale et industrielle. Aujourd'hui, le groupe emploie 4 000 salariés, dont 1 000 dans l'Aube. Le chiffre d'affaires en 2010 atteint 265 millions. Deux cent cinquante boutiques sont créées dans le monde dont cent vingt en France.

Le 28 février 1998, une manifestation festive est organisée sur la place des Lices à Rennes par le comité de soutien, pour « montrer que les mauvaises manières de la banque ne sont pas oubliées ». La rancœur est tenace ! Mais, dans le monde impitoyable des affaires, l'intérêt supérieur l'emporte un jour ou l'autre : aujourd'hui, avec la BNP, les relations sont redevenues courtoises, voire à nouveau transactionnelles.

Après avoir traversé de gros grains, le « Commandant », peu d'années avant sa mort, aura au moins eu la consolation de constater que l'opiniâtreté l'emporte toujours, quelle que soit la force des embruns. Beaucoup de gens ignorent que cette acquisition mouvementée sera aussi, pour l'enfant du chapelier de La Gacilly, un clin d'œil à l'Histoire, à son histoire.

Dans sa jeunesse, quand il avait pris la responsabilité du magasin de vêtements de la rue Saint-Vincent, Yves Rocher avait souhaité vendre des articles Petit Bateau. Mais la direction de la société avait refusé en considérant que le local n'était pas suffisamment grand et luxueux. Petit Bateau avait préféré être représenté par le concurrent Templé, situé près de l'église. Écartés, et vexés, les Rocher devaient se contenter de proposer à la clientèle les créations Polichinelle, de qualité inférieure. Une quarantaine d'années plus tard, le vent a tourné. La célèbre production est devenue sa propriété. Dire qu'à l'époque la marque l'avait snobé. Belle revanche secrète !

*
* *

L'autre lourd dossier qui a beaucoup préoccupé le P-DG de La Gacilly est lié à la rupture des liens avec Sanofi.

Il faut remonter à 1973 pour bien comprendre la nature du conflit. Cette année-là, Yves Rocher apprend qu'il est atteint d'une grave maladie et se croit condamné. Il estime que l'heure est venue pour lui de régulariser ses affaires et de garantir l'avenir de la société. L'idéal serait évidemment de passer la main au fils aîné. Mais, à 20 ans, Didier est inexpérimenté et il n'est pas envisageable de prendre de tels risques. Le patron préfère s'appuyer sur une structure solide et se rapproche de Sanofi, qui accepte l'union en devenant majoritaire à 60 %. Un pis-aller pour le propriétaire, qui prend heureusement la précaution de conserver le contrôle par le jeu de prises de participations diverses. Le compagnonnage est relativement bien vécu de part et d'autre, jusqu'au moment où Yves Rocher apprend, en 1998, que Sanofi est en train de fusionner avec Synthélabo, une filiale de L'Oréal.

C'est le président de Sanofi, Jean-François Dehecq, qui informe son ami. Les deux hommes se connaissent et s'apprécient depuis vingt-cinq ans. Le patron du groupe pharmaceutique pressent une vive réaction de son associé et préfère déminer lui-même. Comme il s'en doutait, le chef d'entreprise breton reçoit assez mal la nouvelle, mais les deux interlocuteurs souhaitent trouver une issue favorable. Pas moins de dix-neuf protocoles d'accord sont discutés pour essayer de parvenir à un consensus.

Les négociations sont longues et difficiles, jusqu'au jour où, par un coup de téléphone donné à Saint-Malo, Jean-François Dehecq annonce que Sanofi décide de garder les actions Rocher. Yves Rocher prend acte, écourte la conversation qui dure à peine une minute. La rupture est déclarée. Puisqu'un compromis n'est pas possible, le P-DG de La Gacilly s'en remet à la justice. Des procédures sont alors engagées. Yves Rocher s'entoure de plusieurs avocats. Trop sans doute, car ils ont plutôt tendance à se gêner ou à se neutraliser entre eux, si bien qu'en première instance la société de La Gacilly perd le procès.

Le P-DG fait appel. Une réunion est organisée pour construire la nouvelle défense. Bris Rocher y assiste. Il est dépité : « Au bout de quatre heures, nous n'avions pas avancé. J'ai appelé René Ricol, un excellent conseiller et ami de mon grand-père. Je lui explique la situation et sollicite son aide. Il me répond : "Il vous faut deux bons avocats, pas davantage." Nous faisons appel à maître Philippe Villey. Une équipe de choc est constituée autour de lui avec René Ricol et Stéphane Bianchi, le nouveau directeur général. »

Pour Bris, c'est en quelque sorte le baptême du feu. En s'impliquant dans ce dossier stratégique, il prend date très jeune pour gravir rapidement les échelons au sein du groupe et accéder à la responsabilité suprême, ce qui arrivera prématurément, une dizaine d'années plus tard.

Il faut croire que la bataille a été finement menée. En décembre 2001, les tribunaux finissent par donner raison à la famille Rocher, qui reprend sa totale indépendance avec 75 % des titres, 19,5 % restant à Sanofi-Aventis. Le capitaine d'industrie breton est soulagé d'avoir recouvré la liberté, tellement précieuse à ses yeux. Il est aussi rassuré d'avoir mis la multinationale, non cotée en bourse, à l'abri des prédateurs. Il lui faut cependant trouver un soutien financier pour le rachat. Le P-DG breton se tourne vers la Société générale représentée par le directeur général, Didier Alix. Rendez-vous est pris à Paris. Yves Rocher se rend au déjeuner, en ayant pris soin d'emporter dans sa valise un petit film présentant le groupe. Le contact chaleureux et confiant entre les deux hommes facilite les discussions, hautement délicates. Le directeur général de la banque, qui à l'époque affiche dans ses slogans « on est là pour vous aider », se laisse vite convaincre et déclenche une procédure simple et rapide. En moins de quarante-huit heures, le dossier est bouclé.

En se rendant à Chamonix, Yves Rocher, sensible à cet engagement « spontané », prend soin, le lendemain, d'appeler de sa voiture Didier Alix qu'il remercie. En signe de reconnaissance, il lui propose d'entrer dans son conseil d'administration et devient ensuite l'un de ses proches.

CHAPITRE 14

LE DRAME

Au début des années 1990, la marque est confrontée à de réelles difficultés. Le marché stagne. La rentabilité baisse et les structures anciennes du groupe sont trop lourdes et inadaptées. Yves Rocher se sent physiquement fatigué et mesure l'ampleur des problèmes qui surgissent. Il estime que le moment est venu de passer la main.

Dès la naissance de Didier, il a considéré que la succession lui reviendrait de droit. Le droit d'aînesse est pour lui une évidence, un réflexe culturel. Quand son premier garçon avait à peine 12 ans, il lui disait déjà : « Plus tard, tu seras le patron. » Aucune hésitation : ce sera lui ! À la transmission de pouvoir, le 15 juin 1992, Yves Rocher n'a que 62 ans, un âge relativement jeune pour un P-DG. C'est pour lui un sentiment bizarre, mêlé de raison, de nécessité, de fierté et de... regrets.

Pour cet homme qui a toujours vécu sous pression, le retrait opérationnel des affaires constitue une épreuve. Le fondateur ne l'avoue jamais, mais il ressent durement ce nouveau statut qui l'éloigne de la prise directe des décisions. Des proches le trouvent taciturne, pensent que le moral est atteint, même si officiellement il se dit très heureux d'avoir exaucé son vœu le plus cher : céder la place à son fils aîné âgé de 39 ans !

Mais l'inquiétude d'un père ne se maîtrise pas. Bien qu'il n'ait aucun doute sur les compétences de Didier, le prédécesseur s'interroge en permanence sur les chances de réussite. Le droit à l'erreur n'existe pas : il faut impérativement, et dans un délai court, redresser la barre, comme l'exige la situation. En public, le patron masque son anxiété et ne cesse de témoigner à son fils une totale confiance, en voulant que cela se sache.

Dès la prise de fonction, le nouveau dirigeant impose un rythme et dévoile une forte personnalité. Il voit clair et donne du sens. Avec énergie, il redéfinit et communique les priorités de la stratégie : recentrer le groupe sur son cœur de métier. Petit Bateau, le pavillon intouchable même dans la tempête, reste à quai. Mais d'autres activités textiles, lourdes et trop coûteuses, sont abandonnées. Le groupe se sépare de Danjean, met fin à sa participation financière avec Tartine et Chocolat ou les pantalons Sym...

Ces coupures attristent Yves Rocher. Le monde du tissu, n'est-ce pas aussi son histoire ? Il se souvient des premières expériences de sa jeunesse quand il vendait les vêtements rue Saint-Vincent ou sur les marchés. Pour lui, la diversification représentait une continuité naturelle de son vécu et il y était attaché. Mais nécessité faisant loi et ne voulant surtout pas gêner le successeur, Yves Rocher n'émet jamais de commentaires ou de critiques.

Élu président d'honneur du conseil d'administration, il reste évidemment attentif à toutes les orientations, se tient en permanence informé des décisions. Même si c'est très dur pour lui, il annonce officiellement ne plus vouloir être à la manœuvre. Il adresse au comité de direction une déclaration dans ce sens : « Je souhaite que, dès aujourd'hui, vous cessiez de m'envoyer tous documents et informations... » En terme d'abnégation, il ne peut mieux faire, bien que ce soit pour lui une violence. Il veut que cette succession soit « naturelle » et surtout ne pas gêner Didier dans l'exercice du pouvoir. Seul un circuit parallèle permet au président d'honneur de suivre chaque semaine l'évolution des dossiers : le dimanche soir, après l'émission « Sept sur sept » d'Anne Sinclair, Didier l'appelle pendant une heure à La Forêt Neuve pour faire le point.

La gestion municipale continue de l'occuper une partie de son temps. Avec ce plaisir toujours infini de servir son pays, entouré d'une équipe qu'il aime et qui le lui rend bien. Le fondateur s'adapte à cette nouvelle vie, en prenant davantage de recul et en donnant plus de temps à la réflexion. Il aime de plus en plus se retrouver seul, passer de longs instants à méditer au milieu de la nature, dans son chalet planté dans les bois près de La Forêt Neuve. Parfois, il décide de partir quelques jours pour une retraite à l'abbaye des moines cisterciens-trappistes de Notre-Dame de Timadeuc. Mais sa santé est de plus en plus fragile. Les médecins lui ont conseillé de demeurer au soleil. Il passe les hivers à Marrakech où il se sent mieux en forme.

Ah ! le Maroc. Combien il est attaché à ce pays et à ses habitants ! Il y compte beaucoup d'amis. Notamment Mustapha El Baroudi qu'il a aidé en 1962 à créer une usine de tisane. Quand il séjourne dans la Perle du Sud, ce n'est pas pour y vivre des vacances oisives. Ce Breton viscéral n'a jamais su ce que voulait dire un jour de congé. Ce qui compte pour lui, c'est se montrer utile, comme à La Gacilly. Il veut générer de l'emploi et soutient d'autres entrepreneurs locaux. Il a lui-même installé des unités industrielles, avec cette obsession permanente de procurer du travail localement.

De ces préoccupations, il en parle souvent à Jalil El Baroudi, médecin cardiologue. Le frère de Mustapha est surtout le complice de ses pensées et de ses réflexions. Les deux personnages se rencontrent pour partager le thé de l'amitié et échanger sur la vision philosophique du monde ou sur les religions, sur l'interprétation comparative du Coran et de l'Évangile...

Un autre homme compte aussi beaucoup pour lui. Son kiné Isham, qui a été formé en Ukraine. Sur les dernières années de sa vie, les douleurs sont devenues insupportables. Il faut la patience, la maîtrise de ce praticien pour permettre à Yves Rocher de lutter et d'essayer de poursuivre ses activités.

Il y a le Maroc et... l'air de Saint-Malo qui lui a également été recommandé. L'intrépide voyageur séjourne souvent aux Thermes marins et finit par s'installer dans un appartement à Rothéneuf, dominant la mer.

L'été est évidemment réservé à La Forêt Neuve, une occasion formidable pour les retrouvailles familiales qu'il apprécie tant, en compagnie des enfants et petits-enfants.

Où qu'il se trouve, le « Président » tient à être tenu discrètement informé de la vie du groupe, son obsession. Il participe à certains conseils et autres instances qui l'appellent souvent au siège. À Paris, il réside à Boulogne, où la famille est réunie dans des habitations proches les unes des autres, dans la même rue.

Oui, c'est une nouvelle page qui se tourne. Presque celle d'un retraité ! Dans sa tête, l'homme aux destinées croisées commence à l'écrire. Il sait qu'il peut maintenant se le permettre, car Didier est là, en démontrant chaque jour sa capacité à bien assurer la relève. Les paragraphes glissent sous la plume de son imagination, sans présager des autres longs chapitres qui resteront à rédiger. Celui qui va suivre, après les lueurs d'espoir, sera noirci à l'encre des larmes...

*

* *

L'aîné des fils Rocher mesure l'ampleur du défi et se donne deux années pour améliorer la situation. Il a été bien formé. Il est prêt. S'il n'y avait eu que lui, le nouveau jeune patron n'aurait pas choisi le monde des affaires et de l'industrie. Grand sportif, il aurait préféré le métier des armes.

Né le 22 mars 1953, Didier, après le circuit traditionnel de Saint-Jugon et Saint-Sauveur, est inscrit à la fameuse école des Roches pour poursuivre les études secondaires. Il se montre passionné d'histoire et s'intéresse aux disciplines culturelles. Au bac, le candidat obtient à l'oral la note de 20, avec ce commentaire du professeur : « Vous m'en avez appris sur la guerre de 40. » À la sortie de l'examen, il s'inscrit à l'École supérieure de commerce de Paris, où il ne reste qu'une année.

À l'armée, Didier se porte volontaire pour servir chez les parachutistes. Les jeunes, en général, s'arrangent pour éviter la conscription. Lui, au contraire, est très heureux d'être appelé sous les drapeaux. Il aime le sport, a le goût du risque. Ses supérieurs, ayant détecté ses qualités, le nomment instructeur et l'affectent à des missions commando. Un vrai fana ! Il se trouve vraiment là dans son élément et, si cela ne tenait qu'à lui, il en ferait même son métier. Mais le père attend et il a déjà tout prévu pour lui. Didier entre par la petite porte, condition indispensable à ses yeux pour réussir dans l'entreprise.

Le parcours initiatique est tracé. Didier commence par un poste au contrôle de gestion : « L'école du terrain, lui rappelle Yves Rocher, il n'y a que cela de vrai. À la gestion, tu auras une vision globale sur la vie du groupe. Dis-toi que tu n'es pas le fils du patron, que tu as tout à apprendre et que tu graviras petit à petit les échelons... »

Après la France, Didier part découvrir les filiales britannique et américaine. En 1979, à 26 ans, il est nommé directeur de la filiale anglaise. En 1981, première consécration : le P-DG le nomme à ses côtés directeur général. Pendant onze ans, il secondera ainsi son père. Un parcours sans faute pour se préparer à assumer les plus hautes responsabilités.

Quand, le 15 juin 1992, Yves Rocher lui passe le témoin, Didier, âgé de 39 ans, est mûr. Heureusement, car le contexte à cette époque est délicat. Il lui faut agir très vite pour remonter la pente.

Le groupe a atteint une dimension impressionnante : un effectif de 7 200 personnes réparties dans le monde, dont 2 720 en Bretagne. Les structures sont trop lourdes. Les managers souhaitent plus de souplesse, de réactivité et sont demandeurs d'une communication plus courte et plus rapide. Didier entend les préconisations. Il les partage et les retient dans ses priorités. Dès la prise de ses responsabilités, le jeune P-DG se consacre à la réorganisation du groupe par métiers, par divisions commerciales, par filiales, et réactive les réseaux de communication en adaptant des moyens nouveaux et modernes.

Les résultats ne se font pas attendre : 33 millions de francs en 1992, 260 en 1993, 400 en 1994. Les bonds sont spectaculaires. Dans les entreprises, le moral revient au beau fixe. Le personnel retrouve son enthousiasme. Le P-DG, très présent, réagit en premier de cordée. « À l'américaine », remarquent certains. Avec ses cadres, il forme une équipe soudée. Il descend chaque mois dans les ateliers pour serrer les mains, écouter les salariés. Petit carnet en poche, il prend note des remarques et des demandes, ne laisse jamais personne sans réponse. C'est son tempérament : ouvert, proche des gens, très travailleur et aimant plaisanter. Il ne vient jamais à La Gacilly sans faire un tour à l'atelier protégé qui emploie des personnes handicapées. Son attention pour le social rassure. On lui reconnaît, à l'usine, les qualités que les militaires avaient détectées en lui : dynamique, battant, courageux. Il est bien le fils d'Yves Rocher, avec un tempérament plus extraverti : « Oui, c'était son père en plus gai, avec moins de réserve », résume Édith Derroisné.

Pour maintenir son équilibre et se tenir en forme, il pratique beaucoup de sports : boxe, footing tous les jours. La plongée en mer avec des amis reste son loisir préféré et il continue de sauter en parachute en initiant son fils, Bris. Martine, son épouse, a donné naissance à deux garçons : Bris et Gwenaël. Le premier aurait voulu se destiner à la musique. Il deviendra le P-DG actuel. Le second sera aussi intégré dans la société au contrôle de gestion. Après le passage à vide des années 1990, le groupe Rocher rehausse le pavillon.

Paul Anselin, qui avait quitté la société, se souvient d'un dîner en compagnie d'Yves et de Didier Rocher à La Forêt Neuve à l'été 1993. Il raconte leur échange en début du repas :

« Comment ça se passe ? » demande Paul Anselin à Didier.

« Parfait », répond celui-ci.

« Et avec votre père ? »

Yves Rocher regarde l'invité avec son petit œil en coin. Didier répond avec une pointe d'humour : « Le père est sincèrement content de la réussite de son fils ; le principal actionnaire est content que l'entreprise rapporte ; quant à l'ancien président, je ne suis pas sûr de ses bons sentiments vis-à-vis de son successeur. »

Paul Anselin éclate de rire et se permet d'ajouter : « C'est tellement beau, c'est tellement vrai que je pense que le père l'emporte sur tous les autres. »

Yves Rocher glisse un regard complice à son successeur et sourit.

L'équilibre du groupe, le moral du père, l'enthousiasme du fils laissent à nouveau espérer un avenir serein et fécond... Le 17 décembre 1994, Didier est heureux d'annoncer : « J'ai redressé l'affaire, tout va très bien. » Sa joie est d'autant plus grande qu'il a envisagé de partir en vacances le 24 décembre avec des amis. Juste avant, il avait prévu dans son agenda un petit détour par La Forêt Neuve pour passer, avec son père et quelques membres de la famille, la soirée du 23. Belle et heureuse fin d'année. Prometteuse pour un joyeux Noël. De quoi ravir Yves Rocher. Et le téléphone sonna...

*

* *

Une soirée chaleureuse et souriante. Comme on aime en vivre dans la période de l'avent. À la grande table de la salle à manger a pris place une partie de la famille. Le maître des lieux, selon son habitude, s'est installé en milieu de table, face à la fenêtre du parc, le dos tourné à la grande tapisserie. Et, soudain, un coup de téléphone qui annonce l'insoutenable, l'inconcevable, la déchirure...

En milieu d'après-midi de ce 23 décembre, vers 15 heures, Didier s'est tué accidentellement dans le stand de tir « Le Pistolet d'Auteuil », à Issy-les-Moulineaux.

Yves Rocher demande de joindre immédiatement Pierre Roussette pour le conduire à Paris. Au cours de la nuit, le père se rend au chevet de son fils. Mais il pense aussi à son épouse et aux deux garçons, Bris et Gwenaël. Yves Rocher se dit qu'en cet instant il doit être absolument proche d'eux. Lui-même a perdu son père à l'âge de 14 ans et sait combien l'épreuve est terrible. Il fera tout pour atténuer leur douleur. Il les rejoint à leur domicile et s'installe dans une chambre : « Il voulait être très présent auprès de nous. Pour nous soutenir, il a vécu dans notre appartement pendant trois mois... » souligne aujourd'hui Bris.

Sa peine est trop insurmontable. Le lendemain, il retourne à Saint-Malo, pour s'isoler et prier. Il veut se recueillir seul et n'assistera pas aux obsèques, simples et discrètes, à Paris ainsi qu'aux autres cérémonies de La Gacilly. Le corps est inhumé dans le caveau familial, dans l'intimité. Avant d'atteindre le cimetière, le cortège est passé rue Saint-Vincent et s'est arrêté un instant devant le grenier.

Une messe pour le défunt est dite le samedi à La Gacilly en présence d'une foule immense. Des écrans ont été installés sous les halles. Des livres de condoléances ouverts au public sont pris d'assaut et remplis de témoignages émouvants. Des fleurs ont été adressées du monde entier. Il y en a tellement que des gerbes sont aussi déposées sur les tombes du cimetière qui n'en ont pas. Le presbytère reçoit des centaines de commandes de messes. À Marrakech, quelques jours plus tard, Gaston Renaud organise aussi une cérémonie à la paroisse proche du domicile de la famille. De nombreux amis français et marocains viennent témoigner leur amitié et leur tristesse.

La population est catastrophée. Le personnel désemparé. La famille effondrée. Le deuil se porte dans le silence. Yves Rocher demande à ses enfants de le rejoindre à Timadeuc pour, loin du monde et des trépidations, partager ensemble cette souffrance. De ce décès, Yves Rocher ne se remettra jamais. En ce soir du 23 décembre 1994, tout a chaviré pour lui. Quinze années lui restent à vivre. Avec, au fond du cœur, ce grand vide insoutenable et permanent.

CHAPITRE 15

LA SUCCESSION

La mort, ce défi ultime que l'homme ne pourra jamais vaincre ! Le relever ne peut être concevable que dans une autre dimension, qu'Yves Rocher ne rejette pas. Il est croyant. Janséniste, confie-t-il à ses proches. Bris se souvient du cadeau d'anniversaire qu'il avait reçu de ses mains, à 14 ans : *L'Imitation de Jésus-Christ* de Félicité de Lamennais ! En lui remettant le livre, le donateur avait ajouté : « Ton arrière-grand-père l'avait toujours près de son lit. »

La foi, dit-on, aide à surmonter le malheur. Mais quand la blessure est aussi profonde, la force de l'espérance peut-elle l'emporter sur celle de l'anéantissement ? Yves Rocher vient de perdre la chair de sa chair. Son fils, sa fierté, le souffle de l'avenir. Dès l'enfance, il avait projeté en Didier la promesse du futur. Comme Joseph, son père, l'avait fait pour lui, soixante-cinq ans plus tôt. En deux années de présidence, le jeune successeur avait démontré qu'il était digne d'assurer la relève. Relève dans les affaires. Relève de la pensée.

Le fondateur se sentait apaisé et considérait avoir déjà bien rempli sa mission. Avec Didier, les signaux étaient passés au vert et il pouvait maintenant se reposer sur la nouvelle équipe, apprécier les évolutions et prendre de la hauteur. Les inquiétudes et la petite déprime des années de transition étaient désormais reléguées au catalogue des souvenirs oubliés. Et voilà que tout s'écroule en ces derniers jours de l'année 1994. Le vide, le noir, l'invisible. Oui, l'inacceptable !

Seul à Saint-Malo, face à la mer, les yeux fixés vers le large, ou en retraite à Timadeuc, les yeux fermés dans le recueillement, Yves Rocher laisse parler son cœur. Ce dialogue, il ne le garde que pour lui. Quand il lui faut revenir à des considérations plus matérielles et concrètes, il essaie d'abord d'évacuer de son regard cette brume de tristesse qui, peut-être pour la première fois de sa vie, trouble son jugement, sa vision, son intuition. Il n'a plus cette assurance distinguée et discrète de celui à qui tout réussit. Il s'interroge : quel nouveau chemin emprunter, en respectant la mémoire du fils aîné et la fidélité aux valeurs qui les ont toujours guidés tous les deux ? Comment sauvegarder l'édifice, en visant la poursuite du développement ?

Car ce n'est plus son destin qui est en cause. Mais celui de sa famille et des milliers de salariés... Sans oublier la situation économique des villes et des pays où les unités industrielles et commerciales sont implantées. Et les clientes ? Ces milliers de femmes avec lesquelles Yves Rocher a su créer des relations complices et durables et qui lui témoignent, dans le malheur, tant d'attachement. Ne l'ont-elles pas encore exprimé au décès de Didier en envoyant des milliers de fleurs et des messages de soutien ?

À 64 ans, terrassé par la douleur, ce grand patron doit surmonter une rude épreuve d'humilité, cette qualité qu'il a toujours recherchée en chaque homme et qu'il appréciait tant chez Didier. Ressent-il cette tragédie comme un sacrifice ? Lui seul possède la réponse. C'est dans la solitude qu'il puise la force indéfinissable dont il a maintenant besoin.

Les années qui s'annoncent sont des années critiques, de grandes mutations, d'incertitudes économiques et commerciales. L'Internet va tout bousculer : les relations humaines, les techniques de marketing, les modes de communication, l'accélération de la mondialisation, les circuits de l'information… Il n'est pas évident que les fondamentaux, sur la vente par correspondance par exemple, restent les gages de la réussite. Il en est très conscient et cherche à se rassurer. Il l'exprime par ces mots en forme d'incantation : « Je pense que l'essentiel est de dire quelle est notre foi, ma foi personnelle, malgré les épreuves, dans un avenir qui devrait nous être largement ouvert, car la distribution bouge… » Et, en interne, comment reconsidérer le *top management* ? Les personnels sont totalement déstabilisés, inquiets. Ils attendent légitimement des assurances de sa part.

En ces périodes incertaines, l'obsession de l'entrepreneur breton est de préserver la marque. Celle qui porte son nom et qui résume en deux initiales, « YR », le déroulé d'une aventure exceptionnelle. Il n'a pas le choix. Il n'a plus le choix. Le fondateur doit remonter en première ligne, redevenir le maître à bord.

Dans une première approche, « le Patron » observe et cherche à gagner du temps. Car intuitivement et par expérience, il se dit que dans ce genre de circonstances tourneboulées, il ne faut surtout pas céder à la précipitation. Il est contraint de réécrire toute sa copie en la reprenant à la première ligne. Aux affaires, il n'a jamais géré à court terme. Ses décisions donnaient l'impression d'être prises sur-le-champ, mais elles avaient presque toujours été anticipées et mûries de longue date. C'est parce qu'il regardait loin, toujours plus loin, avec plusieurs longueurs d'avance, qu'il réussissait ses projets.

Aujourd'hui, il ne s'agit plus d'un projet, mais d'un plan de survie et d'un pari délicat sur l'avenir. Qui, pour les prochaines dizaines d'années, par Didier interposé, pourra lui succéder ? Qui sera capable de recevoir et de transmettre cette alchimie économico-philosophique que Didier avait si bien assimilée ? Qui, dans la lignée, au nom des Rocher, perdurera les préceptes fécondés au grenier ?

Après une période d'hésitations et de transition, Yves Rocher, confronté à ce nouveau dilemme, doit reprendre et redonner du souffle, consacrer toute son énergie à la formation de celui qu'il choisira et qu'il installera dans son fauteuil le moment venu. Telle est sa nouvelle ambition. Peut-être la dernière, mais la plus essentielle, avant ce jour ultime où il fermera lui aussi les yeux…

*

* *

Quelques semaines après le décès de son père, Bris discute avec son grand-père dans l'appartement de ses parents où Yves Rocher s'est installé quelques mois pour soutenir les enfants aux côtés de leur maman. Depuis la disparition de l'être cher, ils se voient assez souvent pour échanger et se confier. Les mots simples et affectueux masquent le désarroi et vibrent en eux avec la même résonance émotionnelle.

Le fils aîné de Didier est né en 1978 à L'Isle-Adam dans la région parisienne. Il a donc 16 ans, l'âge insouciant qui nargue les risques. Inscrit à l'École active bilingue, il souhaite se destiner à la musique. Ce passionné de jazz en avait parlé à son père peu de temps avant le terrible accident. « Passe d'abord ton bac et je m'engage à t'inscrire dans une formation », lui avait répondu Didier Rocher.

Bris évoque cette conversation tout en ajoutant que, en raison des circonstances, il a changé d'avis.

« Que veux-tu faire maintenant ? » lui demande le grand-père.

« Je souhaite entrer dans l'entreprise. »

Yves Rocher est surpris mais ne le montre pas. Certainement qu'en lui, il est même heureux de cette proposition qui arrive cependant un peu tôt.

« Tu veux intégrer l'entreprise ? Mais pour quoi faire ?

— D'abord découvrir, car je ne connais rien du groupe, et je désire surtout comprendre tout ce que papa a bâti après toi… »

Yves Rocher écoute. Reste un instant silencieux. Puis reprend la parole :

« Ton père avait raison. Finis tes études d'abord. »

Deux mois plus tard, juste avant l'été, le patriarche provoque une nouvelle discussion :

« Tu te souviens de ce que tu m'as dit l'autre jour. Tu es toujours d'accord pour venir travailler chez nous ?

— Bien sûr, je n'ai pas changé d'avis. J'ai même pensé m'inscrire aux cours par correspondance pour réussir mon bac de français.

— Alors, d'accord, mais tu auras tout à apprendre... »

Dans les grandes familles industrielles, la formation des enfants appelés à prendre la relève passe par un long cursus après le bac. Ce sont en général les concours aux grandes écoles, les séjours à l'étranger, les stages dans plusieurs entreprises et le chemin initiatique en interne. Ce n'est que vers 30 ans que le destin du successeur se profile et qu'il commence à accéder aux plus hautes responsabilités.

En 1995, les portes s'ouvrent pour Bris. Il ignore tout, y compris le parcours sur mesure que lui réserve son grand-père. Yves Rocher, lui, a déjà tout en tête. Tant pis, s'il passe une fois de plus pour un marginal. Il est évidemment conscient de la nature du risque, mais la décision s'impose à lui, pour plusieurs raisons.

D'abord le temps, compté pour transmettre au petit-fils les valeurs et la connaissance du groupe. Avec Didier, il avait commencé très tôt. Dès ses 12 ans, l'enfant avait été éduqué dans cette perspective. Pour Bris, c'est différent : il y a urgence. Yves Rocher ignore le délai dont il dispose. Il sait qu'à son âge, avec un état de santé fragile, l'aiguille de l'horloge tourne très vite. Il doit agir sans attendre s'il veut former Bris « à sa main ».

Car l'autre obligation, pour le fondateur, est de laisser à la tête du groupe un Rocher qui garantira la pérennité. Bris est l'aîné des petits-fils. La loi du sang le désigne naturellement dans la filiation.

Sur le choix, Yves Rocher n'a pas de doute, même si l'âge précoce du prétendant surprend l'entourage. Le P-DG pense au contraire que la jeunesse n'est pas un handicap, mais un atout pour assurer l'avenir et la stabilité. Car il a, pour Bris, un préjugé très favorable : il est motivé, décidé, mûr pour son âge après le coup dur qu'il vient de subir et il partage ses convictions... Bref ! le grand-père reconnaît en son petit-fils les qualités de Didier. Il lui adresse d'ailleurs cette lettre signée du 21 juin 1995 : « Ainsi que tu l'avais si bien pressenti dès l'épreuve, viens maintenant rejoindre Daniel et Jacques pour, comme l'abbé Pierre, œuvrer pour donner aux autres. Alors, une immense joie inondera ton cœur et tu retrouveras ton père. »

Yves Rocher n'a qu'une obsession : la réussite du petit-fils pour l'installer à sa place. En interne, la désignation de l'aîné des petits-fils permet de lever les ambiguïtés sur l'avenir et constitue un message clair pour les personnels. Tous ont compris que, par cet acte d'intention successorale, le créateur de ce mastodonte économique, numéro un mondial de la beauté par les plantes, réaffirme sa volonté de protéger les fondations et la finalité, en gardant la société au sein de la famille. Ce sentiment, le « Président » ne l'explicite pas souvent. Mais, dans chaque parole, dans chaque décision, son dessein est perceptible.

« Un faisou vaut dix disous », soulignait-il fréquemment en patois. Le faisou a consolidé un empire qu'on a toujours plus de mal à sauvegarder qu'à bâtir. Surtout quand les années sont comptées...

Treize ans plus tard, au moment de la disparition de son grand-père, le président Bris Rocher déclarera au journaliste de *L'Hebdomadaire de La Gacilly* : « À la suite du décès de mon père, cela m'a semblé naturel d'intégrer la société. D'abord pour une question de filiation, et ensuite pour répondre à l'intime conviction que je devais poursuivre les intentions de développement d'un grand groupe humain. »

Mais, pour Bris, en 1995, il s'agit d'abord de tout apprendre et de prouver ses aptitudes. Pas évident pour ce passionné de musique qui est toujours resté éloigné du monde des affaires : « Au début, mon grand-père m'entourait affectueusement et je ne ressentais pas trop la pression. Certes, il m'observait de près. Au compte-gouttes, il distillait discrètement ses conseils. Puis, au fur et à mesure, son attitude changeait. Il devenait très exigeant. Il m'arrivait d'essuyer de fortes colères quand je commettais des erreurs. C'était sa manière à lui de me former, de m'apprendre à relever les défis. Je lui en suis reconnaissant aujourd'hui. »

Comme pour son père, comme pour ses oncles, le parcours initiatique débute par la découverte des services, le premier étant celui de la comptabilité. Deux ans sont nécessaires pour découvrir les arcanes de la maison. Et, en 2000, Bris se détache du groupe pour rejoindre le cabinet d'audit Arthur Andersen dont le professionnalisme vaut bien les conférences des prestigieuses écoles supérieures de commerce.

Cette expérience, hors du sérail, lui apprend beaucoup sur la gestion d'entreprise. Regarder chez les autres, c'est enrichir un capital d'expériences et tirer de nombreux enseignements sur les pratiques du management. Rétrospectivement, l'apprenti patron découvrira aussi quelques années plus tard qu'un empire de 85 000 salariés répartis à travers le monde peut être fragile. En moins de six mois, le « géant » disparaît dans une faillite. Après l'effet de surprise, Bris prend conscience que tout groupe puissant n'est jamais à l'abri du précipice. Belle leçon de vigilance pour la suite…

Bris Rocher reste deux années chez le célèbre consultant et revient en 2002 au siège pour prendre place au sein du comité de direction.

Un an suffit à peine pour qu'il soit nommé vice-président du conseil d'administration. Rares sont, dans les multinationales, des promotions aussi fulgurantes. À 25 ans, Bris devient officiellement le numéro deux du groupe. L'intronisation se déroule au cours d'une cérémonie festive à La Gacilly. Le nouvel élu prend la parole devant 2 500 salariés, en l'absence d'Yves Rocher. Peut-être veut-il ainsi manifester implicitement, par son éloignement, la confiance qu'il met en Bris et lui signer déjà la délégation.

Le plan de carrière se déroule à vitesse accélérée. Dans le groupe, tout le monde a désormais compris que le petit-fils est appelé à prendre la succession dans la logique de la filiation directe. Ce sentiment est conforté par la réussite dans les dossiers qui lui sont confiés, notamment la délicate opération de la récupération des actions de Sanofi.

Yves Rocher, qui est en train de réussir le projet de pérennité, commence à se montrer plus serein. La société ne sortira pas de la famille, si elle sait se montrer solidaire et cohérente, ce qui est le cas. Quant aux autres risques, ils sont limités. Le fondateur a tout prévu. En gardant les commandes, il reste évidemment vigilant et très présent pour accompagner le futur président qui est aussi conseillé par les deux directeurs généraux, Jean-Yves Usunier et Stéphane Bianchi. Ce dernier est un jeune dirigeant, formaté chez Andersen. Il a été recruté en 1994 par Didier qui l'appréciait beaucoup. Bris a souhaité sa nomination au comité de direction et en a parlé à son grand-père. En 2006, Bris Rocher accède au poste de directeur général du groupe. La stratégie et les grandes décisions opérationnelles sont désormais de son ressort. Il a 28 ans ! Il ne lui reste plus qu'une marche à gravir...

*

* *

Cette marche, Bris aurait préféré la monter le plus tard possible. Mais, en décembre 2009, après le décès de son grand-père, la lourde charge de la présidence du groupe lui incombe. Le processus engagé treize ans auparavant aboutit par la force du destin. Certes, le nouvel élu du conseil d'administration a eu le temps de s'y préparer. Mais il n'a que 31 ans ! Très jeune pour prendre en main l'avenir de l'un des fleurons de l'industrie cosmétique en France et dans le monde : 2 milliards d'euros de chiffre d'affaires, 40 millions de femmes clientes dans 20 pays, 15 000 employés... De quoi donner le vertige !

L'investiture du jeune patron suscite surprises et commentaires. La presse angle ses reportages sur cette singularité. *Le Point* titre : « Héritier malgré lui » ; Les Échos : « Une succession hors norme »... Les spécialistes économiques des publications crédibles saisissent difficilement ce parcours insolite.

Lui, n'est pas grisé : « Je m'attache à garder les pieds sur terre », répond-il aux journalistes. L'humilité n'est-elle pas l'une des premières qualités qui lui ont été inculquées dans son enfance ?

Dans un groupe familial de cette dimension, les périodes de successions sont toujours sources de tensions, d'enjeux de pouvoir, de déstabilisation pour l'encadrement et le personnel. Le décès d'Yves Rocher a créé un grand vide, c'est une évidence. Mais le génie de cet homme a toujours été d'avancer le temps. Il a consacré ses dernières années à l'anticipation du grand départ, en prenant les dispositions permettant d'assurer après lui une continuité sereine.

Son dernier combat aura été de ne pas laisser à sa descendance le rôle ingrat des arbitrages complexes. Objectif atteint si l'on en juge par la transmission réalisée en douceur et sans remous dans les unités industrielles. Désormais, aux côtés de Bris Rocher, la famille est appelée à préserver les valeurs. Elle est assistée par un *top management* de haute compétence qui, en partageant la finalité, doit viser, dans l'opérationnalité, le développement et la rentabilité.

Installé dans un bureau au mobilier sobre, au dernier étage de la tour de verre d'Issy-les-Moulineaux, le P-DG

Bris Rocher, 33 ans, donne aujourd'hui le sentiment d'avoir bien ajusté son costume. Homme de terrain, il jongle avec les rendez-vous sur un agenda chargé. Ses passages dans les ateliers de La Gacilly, comme le faisait son père, sont appréciés du personnel, qui ne demande qu'à mieux le connaître. Le nouveau P-DG part sans cesse en déplacement en France et à l'étranger et, quand il se trouve au siège, multiplie les conférences téléphoniques, utiles pour maintenir des liens étroits avec les dirigeants répartis à travers le monde.

L'homme, à l'allure sportive, pratique la boxe et la plongée sous-marine, comme son père. Il est courtois, mais ne parle pas beaucoup. Il écoute, observe et fixe le visiteur dans les yeux. Comme son grand-père. Il affirme son statut en répondant aux questions à la première personne. C'est lui, le patron.

« Les valeurs ? Elles se vivent, on s'en imprègne. Cela doit se dérouler naturellement. Mon rôle est de veiller à les faire respecter... »

« Ma mission ? Assurer au sein de la famille la pérennité du groupe. Elle n'est jamais acquise et se gagne par la crédibilité... J'ai conscience du défi. »

« Pas question de délocaliser pour fermer nos entreprises et perdre nos emplois... »

« Oui, mon père avait déjà commencé. Nous sommes revenus au cœur du métier. Mais Petit Bateau, je ne le vendrai pas... »

Des phrases courtes et concrètes. Jamais de périphrases ou de longs discours.

Bris Rocher a compris qu'il n'existe pas de continuité sans développement. Que le *Livre vert de ma beauté* ne suffit plus à motiver l'acte d'achat et qu'il faut cependant retrouver le côté militant qui a assuré le succès de la marque.

Ah ! la marque : le maître mot. Le passe de la réussite. Avec Stéphane Bianchi, combien d'heures ont été consacrées à la réflexion et à la recherche pour redonner sens et signification à l'identification. Les experts parlent de concept de marque désirée et utilisent le mot savant de *love brand*. Autrement dit : entretenir avec la consommatrice un lien émotionnel, celui qu'avait si bien su valoriser le fondateur.

Le nouveau P-DG a aussi le regard tourné vers l'étranger. L'Europe est un jardin bien défriché et capitalisé. Avec un million de clientes, la Russie entre dans le peloton de tête. « Cap à l'est », précise le jeune président. L'Ukraine offre de belles potentialités. Comme l'Asie : une vingtaine de boutiques ont été ouvertes dernièrement en Chine. De nombreux autres pays retiennent l'attention : le Mexique, la Turquie... Le monde est vaste ! La dimension multinationale est devenue une réalité, mais une réalité singulière, que résume en quelques mots Stéphane Bianchi : « Rocher n'est pas une holding financière, mais une marque incarnée avec des valeurs. »

Tout est dit. C'est d'ailleurs le gène spécifique de « groupe familial de marque » qui a motivé le jeune cadre, le jour de son recrutement.

Stéphane Bianchi, Marseillais d'origine, ne se prédestinait pas au management d'industrie. Il aurait aimé devenir archéologue, antiquaire, puis, au sortir de l'Institut d'études politiques, monter sa propre affaire. Mais il est recruté en qualité de consultant du cabinet Andersen.

En 1992, Didier Rocher le remarque et lui confie des missions qui vont durer deux ans. Il n'a que 27 ans quand il découvre le groupe Rocher. Les deux hommes s'apprécient et, en avril 1994, peu de temps avant l'accident fatal, Didier Rocher lui propose d'intégrer la société en le nommant directeur du contrôle de gestion. Il y restera jusqu'en 1997, année au cours de laquelle il deviendra patron de la filiale du Brésil. Un séjour qui sera écourté...

En milieu d'année 1998, Yves Rocher appelle le jeune dirigeant : « Je veux vous voir à Paris. » Le P-DG ne l'a jamais rencontré, mais Bris lui a dit que son père l'estimait beaucoup. Lui-même l'apprécie et souhaiterait le retrouver à ses côtés. Durant tout un après-midi, les deux interlocuteurs échangent sur la situation du groupe. Le climat est chaleureux, mais Stéphane Bianchi n'en subit pas moins un interrogatoire en règle sur les difficultés, les perspectives d'avenir, les urgences... Bref, le P-DG désire connaître la vision du directeur du Brésil, avant de conclure : « Restez à Paris. Je vous recontacte... »

Trois jours après, nouvel appel téléphonique : « Je veux vous voir maintenant. J'ai réfléchi. Vous savez que la société ne va pas bien. J'ai l'intention de vous nommer directeur général. »

Stéphane Bianchi, à en juger par le ton de la voix, comprend que la décision est sans appel et ne souffre pas le soupçon d'une contestation. Le président est direct :

« Vous êtes jeune, mais sachez que vous ne serez jamais président. Derrière moi, il y a Bris. »

Et, sur-le-champ, Yves Rocher lui définit sa feuille de route : « Dans vos fonctions, je compte sur vous pour aider Bris. Vous devez l'accompagner à accéder aux plus hautes responsabilités. L'autre priorité est de redresser le groupe, sans y mettre une éternité. Si, dans six mois, je ne vois pas de signes encourageants, j'aviserai ! »

Message ferme et clair. Sans appel. Quel défi ! Fidèle à son habitude, le P-DG, en le nommant, ne s'étend pas sur la confiance qu'il lui accorde. Mais existe-t-il plus belle preuve que celle de le positionner à proximité du dauphin, pour le soutenir dans son accession au pouvoir ? Comme le constate Stéphane Bianchi plusieurs années après, l'objectif n'était pas évident : « Personne ne prédisait le succès... »

Le directeur général, 33 ans, s'investit aussitôt. Il est lui aussi très jeune pour exercer une telle responsabilité, mais son passé au sein de l'entreprise lui permet d'être immédiatement efficace.

Dans ses missions de 1992 à 1994, proche de Didier Rocher, il a beaucoup appris sur le management de la société. Son positionnement de directeur de contrôle de gestion de 1994 à 1997 constitua aussi un poste d'observation exceptionnel pour évaluer le fonctionnement des services. Et son séjour au Brésil lui donna un aperçu de la problématique export. En un peu plus de quatre ans, il a acquis une connaissance pointue des dossiers. Pas étonnant qu'il soit coopté par Bris et nommé par Yves Rocher.

Avec Bris, le courant passe bien dès le départ. Le souvenir du président disparu les unit dans l'amitié et dans l'action. Tous deux partagent les mêmes orientations et se rejoignent sur l'essentiel. Le futur héritier n'a que 20 ans mais incarne déjà fortement les valeurs. Il rappelle à Stéphane Bianchi son ex-patron, Didier Rocher, pour lequel il avait une grande estime. La nouvelle direction reprend les fondamentaux définis par Didier Rocher en 1992 : « Nouer partout dans le monde des relations directes et privilégiées avec chaque femme pour satisfaire ses désirs de beauté et de mieux-être. » Mieux qu'un slogan, c'est une stratégie qui n'est pas sans rappeler celle du fondateur.

De 1999 à 2006, les métiers de la distribution sont remusclés. Les années suivantes, la marque revient au-devant de la scène. Pour la mettre en ordre de bataille, les dirigeants réorganisent les marchés.

« Nous puisons à nouveau dans notre ADN, en réactualisant nos richesses », remarque Bris Rocher. Le célèbre fabricant de La Gacilly n'est-il pas le référent de la cosmétique végétale dans le monde ? La nouvelle politique nécessite un travail de fourmi. Tous les pans de la société sont pris en considération : marketing, techniques de commercialisation, circuits de distribution... Le logo est même relooké. Les lignes du contour sont effacées pour exprimer l'ouverture. Un sceau, « YR », stylisé, symbolise le côté artisanal et l'attachement maison à l'humilité. Pour mieux armer le groupe dans la concurrence internationale, l'autre rendez-vous, non perceptible de l'extérieur, concerne la réorganisation des services et l'élaboration d'un nouvel organigramme. Un projet particulièrement délicat que mène Stéphane Bianchi.

Jusqu'à présent, la conception du management répondait au schéma classique de la verticalité. Tout partait du sommet pour revenir au sommet, y compris les décisions mineures. Ce type de gouvernance correspondait à une certaine époque. Mais, en raison du nouveau dimensionnement du groupe et de l'évolution des circuits de l'information, le centralisme a montré ses limites : lourdeurs décisionnelles, confusion des responsabilités sur le terrain, imprécisions des résultats et des bilans, éloignement et donc méconnaissance des attentes locales, cloisonnement des services... Autant d'obstacles que connaissent les grosses sociétés aux structures géographiquement éclatées et que Stéphane Bianchi veut lever en lançant la décentralisation.

Le vaste chantier nécessite une refonte globale du management et ne peut réussir que si un certain nombre de conditions sont réunies : adhésion au changement, remise en cause des habitudes et des savoir-faire empiriques, clarification des délégations, transversalité dans les fonctionnements... Les unités opérationnelles prennent ainsi plus d'autonomie. Les directeurs deviennent des patrons de centres de profits qui exercent de réelles responsabilités croisées : gestion, fabrication, commercialisation...

Quant au siège, il définit la stratégie, impulse, donne le cap, joue le rôle d'expert, contrôle, assure la cohérence en se référant à l'histoire, à la culture et aux valeurs.

Le trépied « récoltant, fabricant, distributeur » retrouve un équilibre. La direction appelle chaque secteur à viser l'excellence.

Ce véritable chambardement produit rapidement des effets. Yves Rocher a suivi ces évolutions, sans commenter. S'il lui arrivait de ne pas être d'accord, il ne le disait pas. Dès les six premiers mois, grâce à des signes positifs, la nouvelle équipe avait gagné sa confiance. Au fur et à mesure que le temps passait, il intervenait de moins en moins. Les trois dernières années, il se contentait de prendre connaissance des résultats. Pour lui, la mission était accomplie…

Les virages ont été amorcés rapidement, sans désorienter la clientèle : « Nous devions changer sans que cela se voie. Sur la base de nos fondements, il fallait nous adapter à l'air du temps », remarque Stéphane Bianchi. Aux côtés de Bris Rocher, il se dit aujourd'hui heureux de la croissance du groupe dans un contexte économique difficile. Le bilan est encourageant. Quarante millions de femmes à travers le monde ont un jour porté un parfum ou appliqué une crème Yves Rocher. Dans la cosmétique, le groupe accède à la dix-septième place sur les cent plus importantes référencées dans le monde. Un constat qui n'est pas le fruit du hasard. Le directeur général se félicite de pouvoir exercer en proximité étroite avec la famille au sein de laquelle, ajoute-t-il, « chacun joue son rôle ». « C'est une autre génération qui porte les mêmes valeurs humaines, sociales, de préservation de la planète, portées par des descendants et une direction au service de ses collaborateurs… »

Stéphane Bianchi n'est pourtant pas un affectif. Dans le management, le mot est tabou. N'empêche : le dirigeant reconnaît avancer au *feeling* et aime se sentir proche des personnes avec lesquelles il travaille. C'est certainement à ce niveau que se manifeste la grande différence entre un groupe familial et une holding financière. L'Humain !

CHAPITRE 16

UN MONDE EN VERT

« On me dit pionnier. Je n'ai fait que suivre la nature. »

Il fallait vraiment l'aimer éperdument cette nature, pour lui avoir consacré autant de sa vie. Un amour absolu et militant. Difficilement explicable, comme toutes les grandes passions. Yves Rocher aimait à rappeler : « Ce qui n'était au départ qu'une récréation devint très vite une vocation. Et que dire de ce jour mémorable où je découvris, par hasard, l'herbier patiemment constitué par l'un de mes aïeux ? Je crus y deviner comme un message et, dès cet instant, le mot héritage prit pour moi un sens différent. » Il note aussi par ailleurs : « C'est à La Gacilly, en plein cœur de la Bretagne, que ma passion pour le monde végétal est née. Il est vrai que j'avais, pour bercer mon imaginaire, l'horizon des landes fleuries, les marais et les bois de la mythique forêt de Brocéliande. »

Yves Rocher se réfère toujours à l'histoire, à ses racines. Il puise dans le passé les interprétations de ses ardeurs, qui deviennent par la suite des convictions non négociables. S'il en est une sur laquelle il ne transige jamais, c'est bien celle du respect de l'environnement. Un concept encore peu répandu quand il commence à en parler publiquement vers la fin des années 1950.

Le courant hippie apparu aux États-Unis dans les années 1960, puis les événements de Mai 1968 en France prônent le retour à la nature. Mais, dans leurs intentions, ces mouvements prennent davantage en ligne de mire la société de consommation et le productivisme plutôt que la prise en considération de l'écologie. Les slogans fusent. Les bons sentiments aussi : « Vivre à la campagne, y créer, y produire, ce n'est plus pour nous une absurdité. Nous commençons à abandonner notre mépris inconscient pour ce monde réel et essentiel que sont la nature, la culture, les animaux, le monde paysan, ceux que beaucoup de citadins appellent les péquenots… » Des communautés sont créées, comme celles du Larzac. Les agrégés se font gardiens de moutons…

Beaucoup de générosité, mais peu de réalisme ! Yves Rocher, évidemment, ne se situe pas sur ce terrain-là. Mais il écoute, perçoit les tendances lourdes d'une société qui s'interroge et prend conscience progressivement de la nécessité vitale de préserver les richesses naturelles.

En 1974, l'agronome René Dumont mène sa campagne sur le thème de la défense de la planète. Le candidat à l'élection présidentielle surprend et passe auprès des institutionnels pour un farfelu. Pourtant, son signal d'alarme, traduit en programme politique, produit ses effets en médiatisant largement une préoccupation qui deviendra quelques années plus tard un objectif planétaire. Ce sont des signes qui n'échappent pas à Yves Rocher. Mais lui a aussi sa propre analyse. Le chef d'entreprise ne voit pas de contradiction entre l'industrialisation, l'économie de marché, et le respect de l'environnement. Au contraire. La réussite des affaires doit contribuer à améliorer notre univers. Le profit procure des moyens mis au service d'une cause. Si celle-ci est juste et obtient l'adhésion de l'opinion, elle permet de développer en retour des activités de production, créant des emplois. Cela s'appelle le pragmatisme ! Une vision qu'il résume en une phrase : « Je crois en mon amour de la nature, et puis ensuite, à un certain esprit d'entreprise et puis pourquoi pas à la ténacité bretonne. »

Dans un livre, *100 plantes, 1 000 usages*, le fondateur veut faire du développement durable sa bataille : « Oui, c'est un fait : plus la science avance, plus elle donne raison à la nature. Mais comment imaginer de tels espoirs si notre civilisation ne témoigne pas un minimum de respect envers notre patrimoine naturel ? Si la nature est assurément le plus grand laboratoire du monde, si les ressources du végétal sont inestimables, elles n'en sont pas pour autant inépuisables... C'est en privilégiant les ressources renouvelables, en utilisant les plantes de culture "gérée" et, surtout, en transmettant à nos enfants une terre aussi belle et riche que celle que nous avons trouvée que la nature continuera à nous prodiguer ses bienfaits... »

Mais Yves Rocher ne se satisfait pas de paroles. Il agit. Dans chacune de ses décisions, à la maison, à la mairie, à l'entreprise, la donnée environnementale est l'un des critères mis en avant.

« La dimension écologique est inscrite dans l'humus de la marque, bien avant le Grenelle de l'environnement et la mode du bio », peut-on lire sous la plume de Jean Watin-Augouard, dans *La Revue des marques*. Tous les projets engagés sont conçus en tenant compte de la protection de la nature. Les usines recevront les certifications ISO. Les 44 hectares de plantations de La Gacilly seront des champs biologiques produisant vingt-cinq espèces de plantes différentes... Yves Rocher est un précurseur qui voit la vie en vert. Cette couleur de l'espérance qui sent bon la chlorophylle.

*
*   *

Toute la vie du maire et du chef d'entreprise a été jalonnée de projets. Il lui a souvent été reproché de confondre les intérêts publics et privés et de mettre les premiers au service des seconds. L'environnement, pour Yves Rocher, était-il le moyen de réussir ses enjeux personnels ? Cette cause l'aidait, sans aucun doute. Mais elle était, avant tout, une conviction et non un objet de profit. La finalité traversait toutes les initiatives. Seul importait le résultat obtenu en fonction du bien commun, ce qui le rendait indifférent aux critiques. « La caravane passe... », se contentait-il de dire en levant la main.

Il suivait sa logique. Dans son domaine, la mise en valeur de la nature favorisait le développement économique et industriel, lequel procurait au pays richesse et emplois. La prise en compte de l'environnement permettait aussi d'orienter l'aménagement du territoire, en ménageant l'avenir. Le chef d'entreprise était convaincu que tout se tenait et qu'il fallait à tout prix préserver cette cohérence pour au final viser la qualité de la vie !

Alors, oui, il pouvait arriver que les projets publics et privés s'entrecroisent... Mais n'était-ce pas dans l'intérêt de la population ? Quoi qu'il en fût, il avançait. Les esprits chagrins, spectateurs et même souvent bénéficiaires de sa politique, pouvaient toujours juger...

En imaginant le concept de la beauté par les plantes, Yves Rocher est en avance de vingt ans sur son époque. Le fameux *Livre vert* qu'il édite en 1965 sortira à dix millions d'exemplaires, dans vingt langues et en braille.

En termes de communication, il est difficile de mieux faire. Cet avant-gardiste réussit à transmettre le message inédit d'allier la nature à la beauté. C'est ce qu'il propose en créant sa gamme de produits cosmétiques. S'il réussit à convaincre les femmes, il veut aussi sensibiliser la jeunesse. Cette jeunesse qu'il évoque souvent et à laquelle il accorde une place de choix dans les actions qu'il engage : « Nous avons un devoir suprême vis-à-vis de nos enfants, des générations futures : leur laisser une terre comme celle que nous avons reçue... »

En septembre 1972, Yves Rocher organise le premier congrès national des jeunes pour la nature. Un train spécial parti de Paris amène à La Gacilly des centaines d'adolescents qui assistent à des projections, participent à des débats et découvrent au passage ce joli pays... « Ce fut un déclencheur pour la prise de conscience de la marque », dit aujourd'hui Auguste Coudray. Deux années plus tard, la même opération est reconduite. Allain Bougrain Dubourg, un ami de la famille, apporte son concours pour les thèmes concernant la défense des animaux. D'autres initiatives permettront d'éveiller les nouvelles générations.

En 1994, la première Fête de la nature est organisée. Près de 800 élèves s'inscrivent à la finale du concours des jeunes naturalistes bretons. Deux années après, ce sont plus de 1 300 jeunes, du Canada, de Belgique qui, pendant trois jours à La Gacilly, réfléchissent en ateliers, écoutent des conférences, assistent à des animations sur la biodiversité.

Comme l'explique Auguste Coudray, Yves Rocher désire que sa commune devienne un « laboratoire à ciel ouvert » : « Il voulait diagnostiquer les arbres qui peuplent les environs proches des enfants. Il avait à cœur de leur faire connaître la biodiversité au plan local et de les aider à découvrir la richesse et la fragilité. » C'est dans ce but que, dès 1980, un arboretum est créé, une idée tellement appréciée qu'elle sera reprise à un millier d'exemplaires en France et exportée en Allemagne et en Russie. Plus de 500 « écoles » seront ouvertes dans le monde.

En 1991, une nouvelle étape importante est franchie, grâce à l'initiative de Jacques Rocher. Celui-ci, directeur du développement durable et de la prospective du groupe, crée la Fondation Yves Rocher. L'objectif est ambitieux : contribuer à la conduite d'actions locales et globales de conservation de la nature, de solidarité et d'éducation à l'environnement, dans plus de cinquante pays du monde ! En 2001, la Fondation est placée sous l'égide de l'Institut de France. « Pour un monde plus vert », telle est la devise.

Afin de donner corps au mouvement, deux opérations d'envergure internationale sont lancées : le prix « Terre des femmes » et « Plantons pour la planète ».

Le concours, ouvert aux femmes écocitoyennes, est source d'étonnements. Pas moins de 200 projets sont sélectionnés à travers le monde : le reboisement en Éthiopie et en Pologne, la protection des pins, la mise en place de fours solaires à Madagascar, la défense des grands singes au Gabon, la labellisation des crèches écologiques dans le sud de la France...

Aujourd'hui, quinze nations d'Europe, du Maghreb et d'Amérique du Nord adhèrent à ce prix original de « Terre des femmes ». L'opération « Plantons pour la planète » est née en 2007. Elle a été lancée à la suite d'une rencontre entre Jacques Rocher, président de la Fondation, et Wangari Maathai, prix Nobel de la paix 2004 et marraine de la campagne « Pour un milliard d'arbres », lancée par le programme des Nations unies pour l'environnement.

Cette femme, originaire du Kenya, est la fondatrice en 1977 du « Mouvement de la ceinture verte ». Les adhérentes kenyanes ont planté dans leur pays des millions d'arbres pour lutter contre l'érosion des sols. Mais Wangari Maathai est aussi reconnue pour ses actes militants et courageux en faveur des droits des femmes et pour ses engagements politiques chez elle et dans les institutions internationales.

Jacques Rocher ne pouvait espérer meilleur soutien. Il prend aussi langue avec les onze organisations non gouvernementales qui travaillent à travers le monde aux replantations : Isha Fondation en Inde, Instituto Terra au Brésil, Océanium au Sénégal, Baobab au Burkina Faso, etc. C'est à elles que sont adressés les dons versés à la Fondation. Les résultats sont à la hauteur des espérances. La Fondation et les ONG annoncent 6 millions d'arbres plantés en 2009 ! Forte de ces encouragements, la Fondation reconduit l'opération et se fixe un nouvel objectif de 50 millions d'arbres plantés d'ici fin 2015.

Pour Yves Rocher, cette campagne, qui lui tient particulièrement à cœur, est une belle consécration du combat qu'il a mené. Bien que très fatigué sur les dernières années de sa vie, il se prête facilement à la photo. Arbuste en mains, il incite les concitoyens à le suivre. Pour préserver cette forêt, berceau de son enfance.

*

* *

Du local au global ! C'est dans la proximité que les intentions sont souvent les plus visibles. À La Gacilly, l'élu ne cessa de multiplier les réalisations pour agrémenter le quotidien. Il voulait que sa commune soit belle, authentique. Que les habitants respectent cet écrin naturel. Que le modernisme n'écrase pas, mais valorise. Que la qualité de la vie soit compatible avec l'outil de travail. Ou l'inverse. Que chacun se sente concerné, en partageant collectivement l'ambition du mieux-être. Pas étonnant si la commune prit la tête du « Réseau des stations vertes ». Pas surprenant si, en 1991, fut lancée l'opération « écocanton ».

Une convention signée avec le ministère de l'Environnement avait aussi pour objectif d'impliquer les populations à la recherche d'une meilleure harmonie entre le monde agricole et l'univers industriel, respectueux des écosystèmes. Patrimoines urbains et ruraux devaient être mieux entretenus et valorisés. Les usines du groupe montraient d'ailleurs l'exemple en s'habillant propre : celle de Ploërmel reçut le prix de l'Environnement pour le recyclage des déchets, celle des Villes Geffs à La Gacilly fut conçue selon les critères les plus stricts d'une écologie appliquée.

Yves Rocher avait ainsi à cœur de prouver que ce n'était pas du discours. Mieux, il réussissait à appliquer ses convictions dans un univers fabriquant 160 millions de produits cosmétiques par an et disposant d'une plate-forme logistique de vingt-cinq mille mètres carrés !

Dans une interview au *Journal des entreprises*, Jacques Rocher a déclaré : « Nous produisons six mille tonnes de déchets par an. Il y a quinze ans nous en recyclions 50 %. Aujourd'hui, on est passé à 92 %. En 2012, notre objectif est de réduire de 10 % notre bilan carbone. » Pour mener à bien cette stratégie, Yves Rocher s'est beaucoup appuyé sur son fils cadet, lui-même fervent combattant de la cause environnementale, sur place à La Gacilly et à travers le monde au nom du groupe. Jacques Rocher a notamment participé au Sommet de la terre de Rio. Son engagement dans le programme « Plantons pour la planète » l'a amené à rencontrer les spécialistes de tous horizons. Comme son père, il agit dans la discrétion, ne souhaite pas être mis en avant. Quand il reçoit des mains du président du Sénat Gérard Larcher et de la secrétaire d'État à l'Environnement, Nathalie Kosciusko-Morizet, le sceptre d'or du développement durable, il n'en tire pas vanité, mais reconnaissance pour l'œuvre de son père et encouragement pour sa famille, le personnel et ses concitoyens de La Gacilly.

À la tête de la mairie, il apporte aujourd'hui son empreinte, dans un esprit de continuité. On lui doit le Festival photo Peuples et Nature en plein air, créé en 2004 et qui attire chaque été des milliers de visiteurs. Il a aussi mené ce projet original d'écohôtel Spa, unique en France. Situé sur la commune de Cournon, à La Grée des Landes, l'établissement répond aux normes de haute qualité environnementale. Perchée sur une petite colline, la construction se fond dans la nature, en suivant la pente. Orientées à l'ouest, les trente chambres sont équipées pour consommer le minimum d'énergie : éclairage basse consommation, chaudières à bois alimentées par les déchets de la forêt de Brocéliande, pompes à chaleur recyclant les vapeurs d'eau. Les grandes baies vitrées invitent le soleil. Au restaurant, on mange évidemment bio et d'abord les produits du jardin selon les saisons. Autour des parkings sont plantés des arbres fruitiers. À proximité, dans le bois, des ruches fournissent le miel. Quant au Spa, il n'est jamais en manque de produits de beauté ! Ouvert en 2009, l'établissement attire les amoureux de la nature et se prête aux séminaires d'entreprises. L'hôtel trois étoiles, sur cette commune éloignée des grands centres, aurait pu être une gageure. Mais Yves et Jacques Rocher y ont cru. En étant, une fois de plus, en avance sur l'air du temps…

ÉPILOGUE

Église Saint-Nicolas, La Gacilly, mercredi 30 décembre 2009, 11 heures.

En fixant le cercueil, le frère Jean-Michel ne peut s'empêcher de sourire en son for intérieur : « Souviens-toi, Yves, quand, à la sortie de l'école Saint-Jugon, on se bagarrait en se lançant des bouses de vache... Avec mon frère Henri face à toi, tu t'en donnais à cœur joie. Rappelle-toi aussi quand nous avions déclaré la guerre aux poux... » Même pour un moine, les souvenirs temporels d'enfance peuvent télescoper les instants de prières. Normal : ils se nourrissent l'un l'autre...

L'église est pleine à craquer. Lui, l'abbé, est seul, indifférent au ministre et à toutes les autorités ici présentes. Pénétré des petites anecdotes, des moments privilégiés de confidences, de recherches spirituelles, de doutes et... de silences, il ne lâche pas du regard ce cercueil. Pour approcher de l'autel, il fallait une autorisation spéciale. Lui, l'abbé, n'en avait pas eu besoin. Sa bure valait laissez-passer. Pendant la cérémonie, il égrène ces instants partagés ensemble à l'abbaye de Timadeuc.

Yves Rocher était un fidèle. Dans les derniers temps, presque un pensionnaire occasionnel, une fois par mois. Il y venait parfois avec ses enfants ou ses petits-enfants.

Là, il se sentait bien. Sur son fauteuil, il s'installait dans un coin du jardin réservé aux personnes suivant une retraite, ou derrière l'hôtellerie. Il lisait ses journaux et... les comptes de l'entreprise qu'on lui transmettait par fax. Il aimait tellement cet endroit qu'il avait acheté une maison à Bréhan, pour être encore plus proche. Mais, au décès de Didier, il avait été contraint de revendre la modeste demeure, « pour remonter au créneau », selon l'aveu fait à l'« ami Jean ».

L'« ami Jean » n'hésitait pas à le solliciter pour les bonnes œuvres. C'est lui qui lui avait permis de découvrir le foyer des Oliviers à Rennes.

Ce foyer de l'Arche créé en 1989 hébergeait des adultes souffrant d'un handicap mental. De jeunes volontaires et des assistants engagés aidaient cette petite communauté à vivre dans un esprit fraternel, de prières, de services. Yves Rocher l'avait adopté. Il y venait manger en moyenne une fois par mois et le soutenait financièrement. Il l'avait aussi présenté à Jean-Pierre Le Roch, P-DG d'Intermarché, qui approvisionnait largement les cuisines. Toutes ces actions se faisaient dans la plus totale discrétion et simplicité, à telle enseigne qu'un jour Yasmina, une pensionnaire, s'approchant d'Yves Rocher, l'invita à sa table en lui disant : « Tu sais, ici, tu peux manger tout ce que tu veux, c'est gratis... »

Le frère Jean-Michel Attimont en aurait des dizaines et des dizaines d'anecdotes à se remémorer. Mais, au moment de l'envoi qui marque la fin de la cérémonie et avant d'entonner le cantique au bienheureux Jugon, le frère Jean-Michel ferme les yeux, se recueille en se rappelant les conversations graves qu'il leur arrivait aussi d'avoir et qu'ils ne gardaient que pour eux deux. Surtout après la mort de Didier.

« Didier ? Tu m'en parlais tellement. Maintenant, tu vas le rejoindre. »

Et le moine d'ajouter en murmurant : « À plus tard, Yves. Une autre vie t'attend... »

REMERCIEMENTS

Yves Rocher se méfiait des médias. Il était un personnage secret et fuyait la célébrité. C'est vraisemblablement pour cette raison que, malgré plusieurs tentatives d'auteurs, aucun livre n'a jamais été écrit sur lui.

En ouvrant leurs portes, Daniel, Jacques et Bris Rocher m'ont permis de mieux cerner la personnalité complexe de cet être exceptionnel. Je les remercie très sincèrement.

J'ai aussi été très sensible à l'accueil des Gaciliens qui se sont exprimés avec beaucoup de chaleur et de sincérité.

Dans l'environnement professionnel proche, Stéphane Bianchi, directeur général du groupe, Pierre Roussette, directeur de cabinet, m'ont également livré leurs sentiments et facilité le déroulé de l'enquête. Qu'ils en soient remerciés.

J'exprime particulièrement ma reconnaissance à Édith Derroisné, sa filleule, qui, avec toute sa sensibilité, a feuilleté les pages du grand livre des souvenirs…

Allain Bougrain Dubourg, combattant passionné de la défense des animaux et de la nature, apporte son témoignage éclairé sur les engagements et sur la vie singulière de ce grand capitaine d'industrie. Les lecteurs apprécieront le ton judicieux de la préface. Je lui exprime toute ma gratitude.

TABLE

Dans le cadre du programme
« Plantons pour la planète »,
la Fondation Yves Rocher-Institut de France
s'engage à planter 1 arbre pour chaque livre acheté.

Composé par Nord Compo Multimédia
7, rue de Fives, 59650 Villeneuve-d'Ascq

Achevé d'imprimer dans les ateliers
de Normandie Roto Impression s.a.s. à Lonrai (Orne)
N° d'éditeur : 6573-01-03-02-12
N° d'impression : 120308

Dépôt légal : février 2012
ISBN : 978-2-7373-5469-4
Imprimé en France